POR UMA ÉTICA DO CUIDADO

Blucher

POR UMA ÉTICA DO CUIDADO

Ferenczi para educadores e psicanalistas

Volume 1

Alexandre Patricio de Almeida

Por uma ética do cuidado: Ferenczi para educadores e psicanalistas (Volume 1)

Editora Edgard Blücher Ltda.

Publisher Edgard Blücher
Editor Eduardo Blücher
Coordenação editorial Jonatas Eliakim
Produção editorial Thaís Costa
Preparação de texto Ana Maria Fiori
Diagramação Guilherme Henrique
Revisão de texto Carolina do Vale
Capa Laércio Flenic
Imagem da capa SPERB, Gisele Teixeira, Retrato de Ferenczi, 2023. Acrílica sobre papel de algodão, 40,6 × 30,5

Blucher

Rua Pedroso Alvarenga, 1245, 4º andar
04531-934 – São Paulo – SP – Brasil
Tel.: 55 11 3078-5366
contato@blucher.com.br
www.blucher.com.br

Segundo o Novo Acordo Ortográfico, conforme 5. ed. do *Vocabulário Ortográfico da Língua Portuguesa*, Academia Brasileira de Letras, julho de 2021.

Dados Internacionais de Catalogação
na Publicação (CIP)
Angélica Ilacqua CRB-8/7057

Almeida, Alexandre Patricio de

Por uma ética do cuidado : Ferenczi para educadores e psicanalistas : Volume 1 / Alexandre Patricio de Almeida. – São Paulo : Blucher, 2023.

264 p.

Bibliografia

ISBN 978-65-5506-816-0

1. Psicanálise 2. Ética 3. Ferenczi, Sándor, 1873-1933 I. Título

23-0474 CDD 150.195

Índice para catálogo sistemático:
1. Psicanálise

Aos meus pais, legítimos praticantes da ética do cuidado
e responsáveis pelo meu processo contínuo de vir a ser.
À minha querida avó Elizabeth (in memoriam)
que dizia a todos, orgulhosamente, que um dia eu
iria me tornar um doutor. Uma pena a senhora ter
partido um ano antes desse feito. Uma pena...

Agradecimentos

À minha mãe, Silvania, por ser o exemplo mais legítimo de "mãe suficientemente boa". Com você, eu aprendi que educar faz parte do ser e, portanto, deve antecipar o nosso fazer. O ato de educar só faz sentido, quando o fazemos com o íntimo e isso, certamente, ultrapassa os limites de *qualquer* teoria. Esta pesquisa só se moveu, e seguiu até o fim, graças ao seu olhar devotado.

Ao meu pai, José Anselmo, por me ensinar, todo santo dia, que a humildade pode ser a maior força do caráter de um ser humano. Sou grato por ter me apresentado o mundo pelas janelas do seu caminhão, e por ter conduzido a minha vida pelas vias do amor e da empatia.

Ao meu querido orientador, o prof. dr. Alfredo Naffah Neto, que teve paciência e sensibilidade para cicatrizar as minhas feridas traumáticas, abertas pela crueldade que se mantém presente no universo acadêmico. Do seu lado, pude alçar grandes voos e, sobretudo, aprendi a me criticar, sem me destruir. Não tenho dúvidas de que esse é o maior legado que um verdadeiro mestre pode deixar na vida de um aluno e, eternamente, serei grato ao senhor por isso.

Ao meu parceiro de cumplicidade, de amor e de loucuras, Filipe, que soube segurar a minha mão todas as vezes em que eu pensei em correr e deixar para trás a realização dos meus sonhos. Realizamos juntos e aqui estamos. Afinal, "*nothing fails, no more fears*".

À minha grande amiga, Kátia, que durante todo esse meu tempo de imersão na psicanálise, se colocou em segundo plano, para me ver em primeiro. E que nunca, nem por um segundo, deixou de acreditar que eu conseguiria concluir, dispondo-se, pois, "numa frequência que só a gente sabe".

Aos meus avós, Nilza e Antenor, que sentiram a dor da minha ausência e, ainda assim, estiveram comigo em todos esses anos dedicados à pesquisa e à produção científica. Lamento pelo meu distanciamento.

À prof.ª dr.ª Paula Regina Peron, que me introduziu à psicanálise com o seu jeito apaixonado de transmitir o saber. Suas aulas, desde o primeiro dia, foram um divisor de águas para mim, comprovando o quanto a figura de uma professora pode transformar, por completo, os rumos do destino de um estudante.

Ao prof. dr. Renato Mezan, pelos "encantamentos" realizados em seus seminários na PUC-SP. A sua criatividade, o seu conhecimento infinito, a sua postura humana e a sua elegância na escrita, me inspiraram a buscar a excelência em meu fazer como pesquisador. Valores estes que cativam qualquer iniciante deste campo.

À prof.ª dr.ª Ana Karina Amorim Checchia que, desde o início, aceitou participar efetivamente da construção desse trabalho, me ajudando com apontamentos enriquecedores e com colocações grandiosas no meu exame de qualificação.

Ao prof. dr. Daniel Kupermann, pelas aulas sublimes sobre a vida e a obra de Sándor Ferenczi, no Instituto de Psicologia da USP. Ter contado com a sua presença na minha banca de doutorado foi uma honra enorme.

À Vera Maria Guilherme, uma grande amiga que a psicanálise me presenteou. Vera foi a primeira leitora deste material e suas sugestões me guiaram quando eu perdia o rumo. Nossas risadas, diálogos e debates salvaram a minha alma do adoecimento.

À minha querida amiga Samantha Dubugras Sá que, com força e vigor, participou de cada detalhe final desse livro, auxiliando-me a torná-lo possível. Nossas conversas revelaram que a *ética do cuidado* pode ser realizada apesar da distância.

Aos professores que eu tive a sorte de encontrar no decorrer da minha existência. Esta produção é o resultado desses encontros. Vocês me ensinaram o verdadeiro significado de resiliência na luta por uma causa completamente abandonada em nosso país.

À equipe do Colégio Patricio que, desde 1999, se consolidou como a minha segunda família.

Aos meus alunos, que me ensinam diariamente a capacidade de lidar com o meu não-saber.

Aos meus pacientes, que me mostram a todo instante a eficácia da ética cuidado.

Aos ouvintes do *podcast* "Psicanálise de Boteco", que me fizeram chegar ao "top 5" de programas mais ouvidos do Spotify Brasil. Esta conquista assegura a certeza de que a democratização da psicanálise, tão urgente em nosso país, está, de fato, acontecendo.

Agradeço, imensamente, ao Conselho Nacional de Desenvolvimento Científico e Tecnológico (CNPq), por ter custeado essa pesquisa e ter acreditado na potência de suas ressonâncias.

À Elizabeth, minha avó paterna (*in memorian*) – e como é horrível ter de escrever esses parênteses. Vó, o tempo foi cruel com a gente: tirou você de mim no dia do meu aniversário, que, a partir dessa ocasião, perdeu o sentido de comemoração e alegria. A senhora estava na primeira fila da defesa do meu mestrado, em 2018 e, agora, eu terei que defender esse doutorado 'sozinho'. Confesso que não era assim que eu esperava. Talvez, por isso, este trabalho enroscou no final. Simplesmente não saía; as palavras não me vinham à mente. Faltaram-me recursos, mas entendi que você gostaria que eu finalizasse e, portando, eu o fiz. A senhora não está aqui para ver o seu neto doutor, porém cada linha, cada ponto e cada vírgula deste texto carrega um pedaço seu que habita em mim. Que ele possa ser motivo de orgulho para nós; um brincar compartilhado, mesmo na angústia infinita de estar só, sem a sua presença.

Eu caminhei na noite
Entre silêncio e frio
Só uma estrela secreta me guiava

. . . E eu caminhei na noite minha sombra
De desmedidos gestos me cercava
Silêncio e medo
Nos confins desolados caminhavam
Então eu vi chegar ao meu encontro
Aqueles que uma estrela iluminava

E assim eles disseram: "Vem conosco
Se também vens seguindo aquela estrela"
Então soube que a estrela que eu seguia
Era real e não imaginada

Andresen, 2018, pp. 176-177[1]

1 Andresen, S. M. B. (2018). *Coral e outros poemas.* Companhia das Letras.

A aprendizagem do *asseio pessoal* é uma das fases mais difíceis do desenvolvimento da criança. Pode tornar-se muito perigosa, mas nem sempre. De fato, há crianças que apresentam uma constituição tão robusta que suportam da parte de seus pais as medidas mais absurdas; mas são exceções e observamos amiúde que, mesmo quando superam bem essa educação insensata, deixam escapar uma parte da felicidade que a vida teria podido propiciar-lhes. Isso deveria incitar os pais e educadores a prestar muito mais atenção às reações da criança para assim saber avaliar suas dificuldades.

Citação do texto "Adaptação da família à criança", de Sándor Ferenczi, apresentado em Londres, no dia 14 de junho de 1927, grifos do autor.

Conteúdo

Apresentação: Volume 1: Ferenczi

Os pais e os adultos deveriam aprender a reconhecer, como nós, analistas, por trás do amor de transferência, submissão ou adoecimento de nossos filhos, pacientes, alunos, o desejo nostálgico de libertação desse amor opressivo. Se ajudarmos a criança, o paciente ou o aluno a abandonar essa identificação e a defender-se dessa transferência tirânica, pode-se dizer que fomos bem-sucedidos em promover o acesso da personalidade a um nível mais elevado.

Ferenczi, 1933/2011, p. 119

O livro que o leitor tem em mãos é fruto da minha pesquisa de doutorado, realizada dentro do *Programa de Estudos Pós-Graduados em Psicologia Clínica* da Pontifícia Universidade Católica de São Paulo (PUC-SP), no período de agosto de 2018 a junho de 2022, orientada pelo querido prof. dr. Alfredo Naffah Neto, que se tornou um grande amigo ao longo desses anos de aprendizagem e convívio.

A tese teve como título original: "Por uma pedagogia do cuidado: contribuições de Ferenczi e Winnicott para a educação", e foi financiada pelo *Conselho Nacional de Desenvolvimento Científico e Tecnológico (CNPq)*, agência de fomento à qual eu nutro uma profunda gratidão. No entanto, como um bom pesquisador sabe, toda pesquisa tem um começo, mas nunca sabemos qual será o seu fim – se é que um dia ela termina.

Pelo contrário, a proposta de uma pesquisa, ainda mais no campo das ciências humanas, é a de promover *inquietações* que possam reverberar por muito tempo em nossa cultura e sociedade. Foi assim com os grandes autores da psicanálise: Freud, Ferenczi, Klein, Winnicott, Bion, Lacan, etc, porém é preciso cultivar certa humildade para admitir que não conseguimos esgotar o tema que originou o estudo. Aliás, essa é uma competência imprescindível a um pesquisador: reconhecer a nossa insuficiência, o nosso lugar de não-saber.

Pois bem, na ocasião da defesa, fui aconselhado pelos professores[2] que fizeram parte da banca examinadora, a criar *dois livros*, partindo do meu trabalho final. Sugeriram, então, um volume sobre a perspectiva teórica de Ferenczi e o outro sobre Winnicott. É claro que essa proposta foi tentadora, mas, ao mesmo tempo, devo confessar que ela me provocou uma série de angústias. Ora, por que eu deveria mexer em algo que parecia estar completo? Eu conseguiria dar conta de escrever mais um conjunto de páginas depois de passar por um momento tão conturbado, típico das etapas finais de um doutorado?

Enquanto eu me enrolava nesse emaranhado de ansiedades, fui acometido pela lembrança de uma das minhas mais recentes leituras.

2 Minha banca foi composta pelos seguintes membros: prof. dr. Daniel Kupermann (USP), prof. dr. Renato Mezan (PUC-SP), prof.ª dr.ª Paula Regina Peron (PUC-SP) e a prof.ª dr.ª Ana Karina Amorim Checchia (USP). Sou extremamente grato a todos eles, que tanto enriqueceram o meu texto e as minhas perspectivas acerca da pesquisa.

Trata-se da belíssima troca de correspondências entre o poeta Rainer Maria Rilke (1875-1926) e o jovem aprendiz Franz Xaver Kappus (1883-1966), publicadas no livro “Cartas a um jovem poeta” (2022). Compartilho, com vocês, a passagem que me fisgou:

> *O senhor olha para fora e é justamente isso que o senhor não deveria fazer agora. Ninguém pode aconselhá-lo e ajudá-lo, ninguém. Há apenas um meio. Olhe para dentro de si mesmo. Explore a motivação profunda que o impele a escrever, verifique se no ponto mais profundo de seu coração ela estende suas raízes, confesse para si mesmo se o senhor morreria se o impedissem de escrever. E, principalmente, pergunte-se na hora mais silenciosa da noite: eu* preciso *escrever? Cave fundo em si mesmo em busca de uma resposta profunda. E se esta for a concordância quando o senhor responder com um forte e simples:* “Eu preciso” *a essa séria pergunta, então construa sua vida de acordo com essa necessidade; a sua vida, até a hora mais indiferente e mínima, precisa se tornar signo e testemunho dessa pulsão. [...] Por isso, fuja dos temas gerais, refugie-se naqueles que seu cotidiano lhe oferece, descreva suas tristezas e seus anseios, os pensamentos fugidios e a fé em uma beleza qualquer – descreva isso tudo com sinceridade íntima, silenciosa e humilde e utilize coisas ao seu redor para se expressar, as imagens presentes em seus sonhos e os objetos de sua memória. (Rilke, 2022, pp. 22-23, grifos originais)*

Aos poucos, constatei que havia em mim um desejo legítimo para ampliar este trabalho. Na passagem acima, vimos que Rilke aconselha Kappus a olhar para *dentro de si* e escrever tudo isso com *sinceridade íntima*. Desde o princípio, foi seguindo por esta via que elaborei o meu tema de pesquisa. Ele nasceu das minhas experiências com a psicanálise dentro do campo escolar e na prática clínica, somadas às memórias infantis que eu preservo em meu interior. Logo, o que eu deveria fazer era lançar a pergunta suprema: *eu preciso escrever?* E a resposta foi *sim*. Após rever o arquivo final, percebi que existiam brechas por onde eu poderia adentrar.

Em virtude de uma ordem cronológica, relacionada ao tempo de vida desses dois grandes autores – Sándor Ferenczi nasceu em 1873 e, faleceu precocemente, em 1933; Winnicott é de 1896 e viveu até 1971 –, começo este 'volume 1' com o pensamento de Ferenczi e suas ressonâncias para uma *ética do cuidado*. [3] Considerado o '*enfant terrible*' da história da psicanálise, como ele próprio gostava de se nomear, este autor húngaro ficou reconhecido por seu pensamento inovador e, sobretudo, por suas experiências clínicas.

O meu primeiro contato com Ferenczi aconteceu em um curso de extensão, realizado na PUC-SP, chamado "Sujeitos da psicanálise", [4] que fiz em 2010. Desde então, sua teoria me causou uma série de provocações e recorri ao autor, mais intensamente, quando comecei a atender pacientes adultos, em meados de 2014, que se queixavam de tédio, apatia e ausência de motivação. Eles pareciam viver constantemente *anestesiados* e traziam consigo um enredo repleto de experiências traumáticas. Os estudos da obra ferencziana iluminaram alguns

---

3 Nos anos de 1927 e 1928, Ferenczi escreveu três artigos essenciais sobre o desenvolvimento da técnica psicanalítica, que surgiram dos impasses vivenciados com os seus pacientes traumatizados na clínica: "A adaptação da família à criança" (1927), "Elasticidade da técnica psicanalítica" (1928), "O problema do fim da análise" (1928). Explica em cada um deles e, como um todo, o papel ético do analista na "flexibilidade" do cuidado desses pacientes. Esse tema será abordado no capítulo 5 deste livro.

4 O curso virou um livro o qual eu recomendo a leitura vivamente, lançado em 2018, com o título: "Sujeitos da psicanálise: Freud, Ferenczi, Klein, Lacan, Winnicott e Bion: diálogos teóricos e clínicos" (Affonso, C. et al.), pela editora Escuta.

pontos da minha escuta que jaziam na escuridão, atribuindo sentido à estrutura subjetiva desses indivíduos e à direção do tratamento, tendo em vista o fato de que esses analisandos *não jogavam o jogo tradicional da clínica*, ou seja, não associavam livremente e demonstravam uma enorme dificuldade para lidar com o meu silêncio nas sessões.

Coelho Junior (2018), ao apresentar a noção de *matriz ferencziana*, afirma que:

> *A dor e o desprazer causados pelo trauma são intensidades que impedem e inviabilizam toda e qualquer forma de representação e conectividades psíquicas. Como indica Ferenczi (1932/1990, p. 64) em seu* Diário Clínico*: "Uma grande dor tem, nesse sentido, um efeito anestésico; uma dor sem conteúdo de representação é inatingível pela consciência. Não é impossível que toda anestesia seja precisamente uma tal hipersensibilidade". Esse ponto é de grande importância. O trauma é recebido passivamente e gera, por sua vez, um estado ainda maior de passividade,* uma passividade anestésica *que inviabiliza os movimentos psíquicos de registro representacional e conectividade. (Coelho Junior, 2018, p. 134, grifos meus)*

Estamos diante, portanto, de uma teoria viva, pulsante, que busca resgatar os pacientes dos abismos da agonia traumática. As experiências clínicas de Ferenczi se revelam mais atuais do que nunca, servindo como um dispositivo necessário para o tratamento de 'pacientes difíceis' (psicóticos e *borderlines*). Sabemos que o modelo clássico interpretativo, semântico, metapsicológico e linguístico não dá conta dessas formas mais intrincadas de adoecimento, suscitando estagnações no processo analítico. Ferenczi, então, começou a sair do registro interpretativo e passou a promover o que chamou de *atos*, *fazendo* coisas além de *dizer*. "Isto é, um tipo de escuta que admitia, ao mesmo tempo, uma possibilidade de intervenção no fazer" (Birman, 1996, p. 74).

Por outro lado, vale recordar que este livro se destina ao domínio da *psicanálise aplicada*; mais especificamente, à interlocução entre psicanálise e educação. No entanto, por mais que sejam divergentes, em quais aspectos esses dois campos se aproximam? Falar do individual não implica, também, considerar a dimensão social?

Penso que sim, e esse foi um dos motivos que me levou a trocar o título da tese para o atual título do livro: "*Por uma ética do cuidado: Ferenczi para educadores e psicanalistas*". Na minha opinião, os desdobramentos de uma psicanálise aplicada, ou seja, aquela que ultrapassa as fronteiras do consultório particular, não podem ficar restritos a um determinado público. Os psicanalistas, que atuam na clínica, precisam se movimentar rumo a outras direções que não estejam limitadas apenas à metapsicologia ou à história da psicanálise. A nossa disciplina tem um forte caráter político que não deve ser desprezado em hipótese alguma.

Ferenczi, assim como o próprio Freud, foi um grande pensador da cultura. É possível identificar tal virtude na citação que escolhi para abrir essa 'apresentação'. Nela, o autor nos diz: "Se ajudarmos a criança, o paciente ou o aluno a abandonar essa identificação e a defender-se dessa transferência tirânica, pode-se dizer que fomos bem-sucedidos em promover o acesso da personalidade a um nível mais elevado" (Ferenczi, 1933/2011, p. 119).

Ao ler essas palavras novamente, fiquei refletindo acerca do nosso processo de formação em psicanálise. Quantas vezes nos deparamos com professores, analistas e supervisores com os quais nos identificamos fortemente? Desprender-se dessa identificação e desses ideais, é uma aquisição crucial para que possamos criar a nossa própria identidade e estilo. É o que Paulo Freire (1986) dizia, quando fazia menção a uma *educação libertadora*. Mas é também o que Ferenczi escreveu ao analisar as relações transferenciais que ocorrem no *setting* terapêutico.

Curiosamente, em uma das suas críticas mais pontuais, Ferenczi disse que a experiência psicanalítica da sua época vinha se aproximando, cada vez mais, da relação professor-aluno. Ou seja: ele denunciava de que modo a psicanálise, surgida como um saber e uma prática que pretendia abordar a *singularidade*, estava ganhando nuances tão verticais, transformando-se numa prática de doutrinação pedagógica – o que acontece ainda hoje, com certa frequência, em incontáveis institutos psicanalíticos.

Jurandir Freire Costa, no prefácio do livro de Teresa Pinheiro, "Ferenczi: do grito à palavra", comenta a ética em Ferenczi:

> *Uma só intenção move Ferenczi; um único imperativo orienta sua teoria,* o imperativo ético. *O que fazer diante do desamparo; o que fazer com quem sofre e não pode saber do que sofre; o que fazer quando dependemos da linguagem para ser o que somos, embora venha dela o que nos traumatiza? Diante de perguntas como estas, Ferenczi não hesita: experimenta! Faz, desfaz e refaz. Pensa no impensado, retifica o que pensou, duvida das certezas, e a soma é uma magnífica peça de invenção teórica e sensibilidade clínica. (Costa, 1995, pp. 9-10, grifos meus)*

Nas próximas páginas, os leitores irão encontrar conteúdos que se relacionam com a educação e, igualmente, com a prática clínica. Embora cada uma dessas áreas conserve suas especificidades – tanto no âmbito epistemológico, quanto prático –, é impossível dissociá-las. Como psicanalistas, todos já cruzamos com a figura de professores que nos inspiraram ou não. Infelizmente, o contrário não pode ser dito, pois não é comum os educadores encontrarem psicanalistas em seu percurso. Apenas aqueles que tiveram acesso à uma análise pessoal ou que estudaram a nossa ciência por conta própria (em instituições ou grupos de estudos) – principalmente se levarmos em consideração o fato de que é bastante raro constar alguma disciplina de psicanálise na matriz curricular dos cursos de pedagogia.

Certamente precisamos mudar esse cenário e, aqui, convoco os analistas a se mobilizarem. Finalizo essa abertura com um potente convite de Jô Gondar, descrito no seu artigo "Ferenczi como pensador político":

> *Ora, nenhum pensador se dedicou de forma tão insistente, rigorosa e apaixonada a elaborar uma teoria do trauma como Ferenczi. Contudo, ele tem sido raramente convocado para o debate sobre a contemporaneidade, como se, diferentemente de Freud, suas contribuições não pudessem extrapolar o campo clínico. Sabemos o quanto as ideias freudianas repercutiram na filosofia e em diversos campos das ciências humanas e sociais. Freud é considerado não apenas um pensador do sofrimento individual, mas também do mal-estar social, cultural e político. E por que motivo Ferenczi o seria menos? (Gondar, 2017, p. 210)*

Referências

Affonso, C. et al. (2018). *Sujeitos da psicanálise: Freud, Ferenczi, Klein, Lacan, Winnicott e Bion: diálogos teóricos e clínicos*. Escuta.

Birman, J. (1996). Freud e Ferenczi: confrontos, continuidades e impasses. In C. S. Katz (Org.), *Ferenczi: história, teoria, técnica.* Ed. 34.

Coelho Junior, N. E. (2018). A matriz ferencziana. In L. C. Figueiredo & N. E. Coelho Junior (Orgs.), *Adoecimentos psíquicos e estratégias de cura: matrizes e modelos em psicanálise.* Blucher.

Costa, J. F. (1995). Prefácio. In T. Pinheiro, *Ferenczi: do grito à palavra.* Zahar/Ed. UFRJ.

Ferenczi, S. (2011). Confusão de língua entre os adultos e a criança. In S. Ferenczi, *Obras completas* (vol. 4). Martins Fontes. (Trabalho originalmente publicado em 1933)

Freire, P. (1986). *Educação como prática da liberdade.* Paz e Terra.

Gondar, J. (2017). Ferenczi como pensador político. In E. S. Reis & J. Gondar. *Com Ferenczi: clínica, subjetivação, política.* 7 Letras.

Rilke, R. (2022). *Cartas a um jovem poeta.* Planeta do Brasil.

Prefácio geral: Por uma educação mais humana e menos excludente

Com uma narrativa leve, sensível, cativante e didática, Alexandre expressa, neste livro, um legítimo compromisso de contribuir para a *humanização* do homem, das relações escolares e da prática pedagógica, tendo a psicanálise como um suporte teórico que pode subsidiar a luta pela efetivação da ética do cuidado nas escolas. Seu texto, muito bem fundamentado teoricamente, é um convite à reflexão sobre um significativo diálogo entre 'psicanálise e educação', centrado em princípios da ética do cuidado como alicerce da prática pedagógica – no Volume 1, este diálogo é realizado à luz das proposições de Ferenczi e no Volume 2, de Winnicott.

O primeiro aspecto a ser destacado nesta obra consiste na apresentação de belos relatos de situações vivenciadas por Alexandre em sua experiência, desde o início de sua vida, no berçário particular em que sua mãe foi diretora, bem como em seu percurso como estudante de pedagogia, professor, coordenador pedagógico, e em sua prática clínica como psicanalista. Por meio da exposição dessas lembranças, são elucidados, com sensibilidade, elementos que compõem a trama da ética do cuidado em psicanálise, de modo a se propiciar uma discussão viva e pertinente.

Alexandre explicita o questionamento de práticas educativas autoritárias, opressoras e normativas, atravessadas pela estigmatização e humilhação dos indivíduos no ambiente escolar, e apresenta subsídios para a consolidação da ética do cuidado nas escolas, que valoriza a escuta, o olhar atento ao sujeito e o acolhimento.

A importância do diálogo e a indagação de métodos opressores têm sido bem enfatizados ao longo do movimento crítico, no campo da *psicologia escolar*. Esta *perspectiva crítica* apresenta, como base epistemológica, o materialismo histórico dialético e tem como importante referência a obra de Maria Helena Souza Patto. Ao questionar a naturalização e o reducionismo de fenômenos, como o fracasso escolar, no âmbito individual, Patto enfatiza a necessidade de se compreender a complexidade de fatores implicados no *processo educacional*, de modo a convocar a nossa atenção para os aspectos sociais, históricos, políticos, institucionais e relacionais que o constituem, situando-o na atual conjuntura social brasileira regida pelo modelo de produção capitalista vigente. Com base no pensamento crítico, Alexandre se propõe a investigar os problemas do cotidiano escolar, situados no contexto do nosso sistema educacional, analisando as relações entre os sujeitos que configuram essa dinâmica.

Esse movimento centra-se em um compromisso ético e político da psicologia escolar que envolve a luta pela humanização, pela educação de qualidade e pela transformação da cultura, bem como a denúncia de mecanismos de opressão, humilhação, exclusão e violência que atravessam práticas pedagógicas em um sistema educacional regido pelos ditames de uma sociedade de classes, dividida e desigual. Esse compromisso envolve, ainda, a denúncia de visões reducionistas que, como expressão de uma inversão ideológica, naturalizam o que é social e historicamente produzido, enquanto culpabilizam os indivíduos e legitimam a manutenção do *status quo*.

Por esta via, ao se analisar as relações intersubjetivas, valoriza-se a circulação da palavra, por meio da escuta e do diálogo, o acesso à versão dos sujeitos sobre a temática investigada e a problemática da estigmatização e da patologização no contexto institucional. Neste livro, encontra-se a expressão de alguns desses elementos constitutivos do conhecimento, produzido no campo da psicologia escolar em uma perspectiva crítica. Ao fazer alusão a esse pensamento, Alexandre enfatiza a importância de se questionar a naturalização que se evidencia em tradicionais concepções ideológicas e a culpabilização do indivíduo (fundamentalmente estudantes de classes populares) pelo fracasso escolar.

Nos relatos apresentados, estão presentes tanto a crítica à normalização e à normatização, arraigadas em práticas escolares que produzem humilhação e sofrimento, quanto a valorização do olhar para o sujeito, isto é, para os seus recursos (em oposição ao foco no que lhe falta). Desse modo, o autor salienta a importância do cuidado, da empatia e do acolhimento dos estudantes que vivenciam as marcas da exclusão, da estigmatização e da violência produzidas nos mais diversos âmbitos da sociedade.

Assim, nesta pesquisa, são tecidas algumas possibilidades em busca da efetivação da *ética do cuidado* nas escolas; que buscam a superação de reducionismos, a implicação de construções e desconstruções, o valor da criatividade e do brincar, o transformar e o ser – caraterísticas essenciais da linhagem psicanalítica escolhida pelo autor para fundamentar a sua investigação.

Alexandre nos inspira, portanto, a seguir acreditando em novas oportunidades do encontro da psicologia com a educação. É importante que nós, profissionais dessas duas áreas, sejamos, bem como o autor deste livro, aliadas e aliados na luta pela educação de qualidade, pela humanização do homem e das práticas escolares, pelo cuidado, pelo compromisso ético e político implicado na busca pela *transformação social*, valorizando o *olhar* para o outro, centrado na potência e na superação de mecanismos de opressão, que atravessam o cotidiano escolar e se configuram como alicerce de uma sociedade de classes, excludente.

Sigamos juntas e juntos nesta luta!

Dezembro de 2022.

Ana Karina Amorim Checchia

(Psicóloga escolar. Docente do curso de psicologia da Universidade Paulista, coordenadora do curso de especialização em Psicologia e Educação da UNIP e professora contratada da Faculdade de Educação da Universidade de São Paulo – FEUSP)

Prefácio para o volume 1: Sándor Ferenczi para educadores e psicanalistas

Leitoras e leitores,

A "educação" é um tema familiar aos psicanalistas. Nosso psicanalista favorito, Sigmund Freud (1859-1939), ao descrever a vida psíquica infantil, indiretamente trabalhou também para a tarefa de educar, e sua filha Anna Freud (1895-1982) produziu um dos primeiros livros de divulgação da psicanálise para professores. Tantas outras e outros autores da psicanálise escreveram sobre educação e pedagogia, com diferentes visadas, assumindo o importante debate com outros saberes, e tematizando a vida emocional e social das crianças. Entretanto, não são muitos os textos desta intersecção que falam diretamente à leitora ou ao leitor mais leigo em psicanálise. O presente livro sim, tem linguagem clara e didática, sem ceder um milímetro na consistência de suas bases teóricas.

O tema da educação remete os psicanalistas à famosa frase de Sigmund Freud sobre os três impossíveis atos: *educar, psicanalisar e governar* (no texto "Análise terminável e interminável", de 1937). Mas seguindo Freud, não desistimos de nenhuma delas, e nosso autor Alexandre, especialmente dedicado às duas primeiras, também não. Seu texto mostra sua persistência, embasada em uma sólida experiência escolar, clínica e estudos teóricos.

Por outro lado, temos tarefas mais possíveis, como prefaciar este livro. De fato, tarefa possível e prazerosa. Em primeiro lugar, pelas memórias e laços afetivos que tenho com Alexandre, que tive o prazer de ter como aluno em 2008, em um curso introdutório à psicanálise, na PUC-SP, chamado "Figuras da psicopatologia". Sendo docente de psicologia e implicada na transmissão da psicanálise, logo percebi o brilho especial de Alexandre para as atividades ali envolvidas: escutar, pensar, dialogar e criticar, em resumo. Como um bom educador, Alexandre envolveu-se na tarefa de aprender em conjunto. Segui acompanhando sua progressiva caminhada e tivemos produções juntos. Mais recentemente tive o prazer de participar de sua belíssima defesa de doutoramento, com colegas de muito peso – prof. dr. Alfredo Naffah Neto (o orientador), prof.ª dr.ª Ana Karina Amorim Checchia, prof. dr. Daniel Kupermann e prof. dr. Renato Mezan, em um diálogo profícuo e comemorativo do percurso de Alexandre. Este livro deriva deste robusto percurso.

Posso listar mais uma razão para apresentar este livro à cara leitora ou leitor. Dentre os impossíveis do educar, bordeamos algumas ações e, talvez, a mais importante seja trabalhar em *conjunto* e reconhecer a importância das relações. Alexandre convoca aqui um belo conjunto – *psicanálise e educação*. Com muitas harmonias e desarmonias, não fazem um par perfeito, mas permitem e sustentam muitas ações daquelas e daqueles comprometidos com a recepção e a inserção das crianças (mas também adultos) nas escolas e no que representam – um pedaço do mundo, para além da família. Há psicanalistas em escolas, e também há muitos educadores inspirados pela psicanálise. No entanto, o educador e o psicanalista têm ofícios muito distintos. O que Alexandre pretende não é transformar um conhecimento aplicado, mas pôr em xeque as relações de poder e assimetrias envolvidas no cuidado. Ao mesmo tempo, este livro provoca importantes reflexões aos psicanalistas. Por que geralmente não estamos nas escolas periféricas? Por que usualmente não escrevemos fora do universo acadêmico? Por que não pensamos problemas genuinamente brasileiros? Essas são algumas das questões que o texto *provoca*, interrogando os limites da psicanálise frente aos desafios da nossa realidade.

O livro de Alexandre agrega mais um elemento ao conjunto, dando especificidade ao seu texto – as concepções de Sándor Ferenczi (1873-1933), considerado por muitos como o pai da psicanálise contemporânea. Ferenczi foi um importante discípulo húngaro de Freud, e bastante original. Não escreveu especificamente sobre a educação, embora tenha textos dedicados à criança e à pedagogia, mas se ocupou *intensamente* de pensar como cuidar empaticamente de casos graves menos afeitos às teorias e métodos iniciais da psicanálise e, com isso, deixou-nos um legado de envergadura para problematizarmos inserções da psicanálise em outras instituições de cuidado, para além dos consultórios. Ademais, Ferenczi descreveu aspectos importantes das relações entre adultos e crianças, também em um nível social e político, denunciando nossas tendências *normativas* e *autoritárias*. Evidentemente, as relações interessam às educadoras e aos educadores, já que aprendemos juntos e *em relação*.

O texto de Alexandre conversa com o psicanalista interessado na educação e no aprofundamento das teorias ferenczianas, no que tange à própria prática clínica. Dialoga diretamente também com os educadores, procurando pensamentos e ferramentas críticas para o seu cotidiano na escola, com múltiplos e infindáveis desafios. Não se trata de um texto ingênuo, de esperanças desmedidas, nem desiludido e pessimista. Lemos aqui um texto ao mesmo tempo realista e sonhador, que trabalha o que está disponível e pretende construir mais e mais, a partir do enfrentamento de alguns dos problemas que temos no campo da educação aqui e agora. Ao longo das páginas a seguir, as leitoras e leitores irão encontrar trechos de músicas, de poemas, da literatura brasileira ou internacional e, sobretudo, muito embasamento teórico, transmitido com leveza e propósito. Além disso, há trechos de recordações das experiências do autor, tanto pessoais, quanto clínicas ou escolares, enganchando definitivamente o propósito do livro, qual seja, criar formas de *cuidar* e *transformar* as vivências infantis a partir da prática dos educadores.

O livro chega-nos no período pós-pandemia de covid-19, evento que abalou o mundo como conhecíamos, e produziu feridas e cicatrizes a curar, também, na área da educação. A pandemia escancarou aspectos lastimáveis da sociedade brasileira e evidenciou as lacunas entre a escola pública e a escola particular, aspectos problematizados pelo autor. O cenário pandêmico também exigiu elasticidade (para usar um conceito ferencziano) de psicanalistas e educadores, o que Alexandre descreve bem neste livro.

O aprofundamento das discussões propostas é feito reafirmando a relevância da sexualidade e do inconsciente tanto da criança quanto do educador, em fidelidade às premissas da psicanálise. Aspectos menos difundidos pelas teorias psicanalíticas também estão em questão, como condições socioeconômicas, gênero e raça, a partir de teorizações psicanalíticas mais atualizadas que evidenciam os efeitos subjetivos de vivermos em uma sociedade altamente racializada e desigual. Nessa perspectiva, as dificuldades infantis também são tematizadas como resistências e denúncias de modos inadequados de recepção em suas experiências escolares.

Em resumo rápido: a introdução do livro problematiza processos como identificação, transferência e desejo como participantes dos processos de aprendizagem. No capítulo um, nosso autor explora as contribuições da psicanálise para o educador, exigindo que a ética do cuidado da psicanálise vá aos confins e não fique somente nos territórios protegidos e conhecidos do campo. Também fornece vigorosa descrição do contexto social brasileiro da escola, a partir de sua própria experiência, descrita em trechos sensíveis e bem costurados. No capítulo dois, três e quatro, temos um grande aprofundamento das teorias ferenczianas, exploradas para pensar e inventar o nosso atual modelo educacional. A faceta política de Ferenczi é evidenciada, bem como noções para pensar o lugar do corpo nas relações, a construção da realidade do ponto de vista mental, os mecanismos de constituição psíquica, e outros. Nos capítulos cinco e seis, Ferenczi novamente comparece, a partir de várias referências, como operador de mudanças, invenções e sensibilidades dirigidas aos processos educacionais.

Nos seis capítulos, a leitora e o leitor encontrarão um texto vigoroso, robusto, honesto e sensível às realidades que aborda. Certamente terão inspiração para repensar e criar modos diversos de cuidado e promover transformações!

Boa leitura e mãos à obra!

Dezembro de 2022.

Paula Regina Peron

(Psicóloga e psicanalista. Professora doutora do curso de psicologia da PUC-SP, membra do Departamento de Psicanálise do Instituto Sedes Sapientiae e do Grupo Brasileiro de Pesquisas Sándor Ferenczi)

Introdução

1. Por que os psicanalistas não entram nas escolas?

Mas é tão importante, tão rico de esperanças para o futuro, que talvez seja o trabalho mais relevante da psicanálise. *Falo de sua aplicação à pedagogia, à educação da próxima geração.*

Freud, 1933/2010c, p. 307, grifos meus

O texto desta Introdução já estava praticamente finalizado quando fomos surpreendidos pela pandemia de covid-19. Logo, tudo que eu havia escrito parecia não fazer sentido ou se mostrava incoerente diante da catástrofe que vivenciávamos. Pensei que poderia resolver o problema acrescentando uma simples nota de rodapé, explicando a situação ao leitor, mas isso não seria honesto. Ora, um trabalho sobre psicanálise e educação pode ser *tudo*, menos desonesto. Assim, sentei-me e redigi todo o texto novamente, o que acabou me gerando algumas noites de insônia e boas crises de ansiedade, pois, com o prazo à vista, achei que não daria conta de criar um novo material.

Eu senti, na minha própria pele, as agonias inomináveis que todos os alunos do país e do mundo estavam sentindo, em decorrência das mudanças, incertezas e da falta de perspectivas que brotavam com o aparecimento do vírus mortal. Então, minha pesquisa foi ganhando outros sentidos e, em meio a esse contexto caótico, a psicanálise também conquistou novos rumos. Os psicanalistas saíram dos seus abrigos e se voltaram para o grande público, na tentativa de poder contribuir para o entendimento dessa situação inédita – pelo menos em nosso século.

No tocante à educação, podemos dizer que o *golpe do martelo* foi mais forte. Apesar de muitas escolas terem aderido ao sistema *on-line* de ensino, nunca ficou tão evidente que os laços humanos são recursos indispensáveis ao nosso amadurecimento e ao processo de aprendizagem de modo geral. As aulas híbridas vieram ocupar uma lacuna provisória, que ajudou alguns, mas prejudicou milhares, devido à ausência de *condições básicas* para que esse sistema fosse mantido e seguido à risca pelos estudantes, principalmente por aqueles em situações de vulnerabilidade social.

O cenário pandêmico denunciou que, em paralelo à formação cognitiva, deve haver um investimento nos aspectos subjetivos e emocionais das crianças. Neste ponto, achamos uma brecha para que a psicanálise possa entrar e se sentir "em casa" – caso *ela* queira, obviamente. No entanto, é preciso admitir que a maioria dos psicanalistas tem uma profunda dificuldade para escrever, falar e se comunicar com outros profissionais, mantendo um "dialeto" próprio, que dificulta o entendimento da nossa disciplina.

Roudinesco (2014) escreve que uma das maiores alegrias da vida de Freud, foi na ocasião em que ele avistou um jovem rapaz – funcionário da tripulação do navio em que estava viajando rumo aos Estados Unidos, no ano de 1909 –, lendo seu magnífico *Psicopatologia da vida cotidiana* (1901). Aquela cena revelou ao médico de Viena o que ele tanto almejava: tornar a psicanálise um saber que *não* ficasse restrito aos pequenos núcleos da sociedade (as elites e os intelectuais). Identificamos sua intenção, aliás, por meio de sua própria escrita: *objetiva* e *cristalina* – não à toa ele recebeu o Prêmio Goethe de Literatura em 1930.

Sigmund Freud escrevia para todos, embora poucos suportassem o peso de seus escritos. Contudo, o meu trabalho como professor universitário, lecionando em alguns cursos de psicologia e pedagogia, me mostrou o quanto a maior parte dos alunos carrega resistências frente à leitura dos textos freudianos (e de outros autores clássicos). Tal comportamento, a meu ver, está totalmente relacionado à maneira como as ideias desse autor são apresentadas aos estudantes durante sua trajetória acadêmica.

Esclareço: se nos deparamos com um professor que fala com amor, entusiasmo e consegue despertar o *desejo* pela busca do conhecimento, é praticamente certeza que os alunos irão desenvolver um certo prazer pelos estudos. De modo análogo, o mesmo acontece quando estamos na escola. Geralmente, nossas matérias preferidas estão ligadas à figura de professores que nos marcaram profundamente e, por alguma razão inconsciente, acabaram se tornando um exemplo de *admiração* para nós.

Em um artigo publicado em 1914, intitulado "Sobre a psicologia do colegial", Freud já enunciava seu interesse pela educação. Trata-se de um texto que, à primeira vista, pode ser encarado como uma espécie de "memória afetiva", pois apresenta reflexões pessoais do autor a respeito de sua própria vida escolar. Cito-o:

> *Como psicanalista, devo interessar-me mais por processos afetivos do que por aqueles intelectuais, mais pela vida psíquica inconsciente do que pela consciente. Minha emoção ao encontrar o antigo professor do colégio me*

> *induz a fazer uma primeira confissão. Não sei o que mais nos absorveu e se tornou mais importante para nós: a ciência que nos era apresentada ou as* personalidades *de nossos professores. (Freud, 1914/2012b, pp. 419-420, grifos meus)*

Nesse ensaio, o psicanalista vienense apresenta algumas ideias sobre o processo de *identificação* que ocorre entre professores e alunos; salientando que, muitas vezes, aprendemos algo por admiração aos nossos mestres, até mais do que por nosso próprio interesse em determinada matéria. Adiante, Freud redige algumas considerações sobre o complexo de Édipo, afirmando que "esses homens [professores], que nem eram todos pais de família, tornaram-se para nós sucedâneos do pai" (Freud, 1914/2012b, p. 422).

Aprendemos por *amor* a alguém ou a alguma coisa. Igualmente, para que possamos aprender qualquer tipo de habilidade é necessário haver *paixão* e *desejo*, ou, na ausência desses afetos, temos de recorrer à prática do *cuidado*; é por meio desse mecanismo essencialmente humano que tais sentimentos terão a oportunidade de existir, e não o contrário.

O amor e o desejo só irão se formar de maneira *estruturada*, ou seja, com base no reconhecimento da alteridade, em um indivíduo que tenha um Eu minimamente organizado – ou "integrado", se quisermos usar uma linguagem mais winnicottiana. Sem essa aquisição básica tudo permanecerá confuso e perturbado. Não é a troco de nada que Winnicott (1988/1990b) escreve: "Bebês que tiveram experiências um pouco menos afortunadas se veem realmente aflitos pela ideia de que *não há um contato direto com a realidade externa*" (p. 135, grifos meus). Nesse sentido, a privação dos cuidados iniciais torna todas as conquistas futuras de um indivíduo muito mais difíceis de serem alcançadas.

A partir dessa perspectiva, podemos considerar que a escola representa um espaço de *esperança* para a promoção da saúde psíquica, e não apenas uma instituição social destinada à aquisição de conhecimentos. Em contrapartida, quando nos propomos a tratar de um tema que *não* é tão popular assim, é necessário, em primeiro lugar, cativar o público pretendido – a não ser que queiramos que nossa produção fique abandonada no fundo de uma estante, definhando junto ao pó, na companhia nada atrativa dos fantasmas do esquecimento.

Sim, foi isso mesmo que escrevi: o diálogo promissor entre a psicanálise e a educação "*não* é tão popular assim". Embora o tema "psicanálise e educação" tenha se consolidado como um campo específico de certos grupos de pesquisa da ANPEd (Associação Nacional de Pós-Graduação e Pesquisa em Educação),[5] resultando em uma quantidade expressiva de publicações nessa área, o assunto, infelizmente, parece não agradar o mercado editorial e uma boa parcela dos nossos psicanalistas e professores.

Aviso ao leitor, de antemão, que esse tema tem sido meu objeto de interesse desde que entrei no mestrado,[6] defendido em 2018, no Programa de Estudos Pós-Graduados em Psicologia Clínica da PUC-SP. Naquela época, analisei as possíveis contribuições da teoria de Melanie Klein para a educação escolar. Após o término da dissertação, fiz as devidas modificações e acréscimos exigidos ao formato padrão de um livro. Foi nesse exato momento que vivenciei,

---

5 À guisa de exemplo, recomendo que o leitor veja as contribuições de Maria Cristina Kupfer, Rinaldo Voltolini e Leandro de Lajonquière, que mantêm linhas e projetos de pesquisa relacionando a psicanálise com a educação na Universidade de São Paulo (USP). Temos, também, a excelente coleção "A escola significativa", de autoria de Ana Archangelo (docente da Unicamp) e Fabio C. B. Vilella (docente da Unesp), material que se consagrou como grande referencial dessa área.

6 A pesquisa foi realizada com apoio da Bolsa Capes, pela qual sou muito grato.

em primeira pessoa, a situação que narrei há pouco: muitas editoras *recusaram-se* a publicar o material, alegando que o tema *não* era bem aceito pelos consumidores.[7] Segundo elas, os psicanalistas não se interessavam pela educação, e os professores também não queriam saber o que a turma de "Freud & Cia." tinha a dizer sobre o assunto.

Numa pesquisa rápida no *site* da Amazon, verifiquei que todos os livros que abordam esse conteúdo ocupam posições deploráveis no *ranking* de mais vendidos. Só isso não quer dizer grande coisa, evidentemente. Entretanto, conversando com diversos psicanalistas, de diferentes lugares do país e de distintas linhagens teóricas, em congressos, colóquios e encontros científicos, constatei que muitos não se encantavam pelas questões relacionadas à pedagogia. Para eles, sala de aula e consultório pareciam não combinar.

Obviamente, esse cenário me despertou indagações. Fiquei me perguntando o porquê de tamanho distanciamento entre duas disciplinas das ciências humanas tão cruciais a nossa prática. Ora, enquanto psicanalistas, atuando em nossos consultórios privados, somos o tempo todo atravessados pela temática da educação: seja na posição de estudantes, participando, com frequência, de um bom número de seminários teóricos, seja no papel de "mestres", transmitindo as ideias centrais de Freud, Klein, Lacan etc. Além disso, muitos psicoterapeutas de crianças recebem seus pacientes por indicações *das escolas*.

Por esse caminho, chegamos no nosso primeiro problema: os psicanalistas não se interessam pela educação, ou os materiais que eles publicam não impressionam os professores porque seu conteúdo revela um distanciamento abissal entre a teoria e a prática?

---

7 Por sorte, ainda existem editoras voltadas à expansão e ao apoio da pesquisa acadêmica, e o livro acabou saindo pela Editora Zagodoni (São Paulo), com o título *Psicanálise e educação escolar: contribuições de Melanie Klein* (2018), e está esgotado desde 2021.

Pois bem, diversas publicações que li, cujo escopo é propor um diálogo entre os dois campos, revelavam o quanto alguns psicanalistas não faziam a menor ideia de como seria o funcionamento de uma escola. Vários desses ensaios derivavam de pesquisas produzidas no interior das universidades, mas essa *não* é a raiz do problema; mesmo porque este livro também é produto de uma investigação acadêmica. A pedra angular dessa "crise", no entanto, reside no fato de que muitos desses materiais são organizados por pesquisadores que *nunca* pisaram, efetivamente, no terreno de uma instituição escolar. Ou, quando o fizeram, foi em escolas de bairros nobres das grandes metrópoles – que destoam completamente da realidade brasileira, principalmente nestes últimos anos, em que alcançamos índices assustadores de desemprego e pobreza, retornando ao mapa da fome da ONU em 2015; situação agravada ao longo da pandemia de covid-19.[8]

Soma-se a isso outro ponto que já assinalei, mas julgo pertinente retomar: os textos geralmente são escritos em uma linguagem excessivamente técnica, abordando uma série de conceitos estritamente psicanalíticos, sem a preocupação de apresentá-los aos professores ou até mesmo ao público geral. E assim chegamos ao saldo negativo justificado pelas editoras: os professores não compram tais materiais, porque se afastam da realidade enfrentada por eles. Os psicanalistas também não se atraem pelas produções do gênero, porque elas não tratam da clínica, da história da psicanálise, da psicopatologia e afins – assuntos que mais *vendem*, de acordo com as empresas do mercado editorial.

Diante desse balaio de gatos, descobrimos mais um grande empecilho: os institutos de formação em nossa disciplina vêm

---

8 Ver FAO, IFAD, UNICEF, WFP and WHO. (2022). *The State of Food Security and Nutrition in the World 2022. Repurposing food and agricultural policies to make healthy diets more affordable*. FAO. https://doi.org/10.4060/cc0639en

desprezando, com cada vez mais assiduidade, o universo "infantil". Explico melhor: raros são os cursos pretensamente formadores de psicanalistas que realmente exigem, como critério para a conclusão da formação, um estágio de observação em escolas ou creches municipais e estaduais. Em São Paulo, por exemplo, o Instituto Sedes Sapientiae o exige somente no seu "Departamento de Psicanálise com Crianças", fundado em 1997.

Em contrapartida, também não tenho o desejo de "passar pano" e acobertar as falhas das escolas. A propósito, inúmeras vezes fui surpreendido com respostas negativas a alunos que tentaram prestar um serviço voluntário a essas instituições, mas, mesmo assim, foram barrados pela direção pedagógica. Sabemos que uma boa parcela dos colégios ainda conserva certo receio e desconfiança sobre a atuação de psicanalistas, psicopedagogos e psicólogos, que, volta e meia, são encarados como "espiões" e "fofoqueiros", que ali estariam unicamente para apontar as falhas cometidas pelos educadores.

Assim, pouco a pouco, nos afastamos do sonho freudiano, presente na citação que abre este item: *a ideia de que o trabalho mais rico da psicanálise e cheio de esperanças seria sua aplicação à pedagogia, à educação das futuras gerações.*

Nesse sentido, precisamos superar tais dificuldades.

2. Por uma psicanálise para o povo

Nosso conhecimento não era de estudar em livros.
Era de pegar de apalpar de ouvir e de outros sentidos.
Seria um saber primordial?
Nossas palavras se ajuntavam uma na outra por amor
e não por sintaxe.

Barros, 2015, n.p.

Existe, ainda hoje, a concepção preconceituosa, geralmente declarada com entusiasmo pela nossa elite intelectual, de que o povo brasileiro *não gosta de cultura*. Ou seja: para alguns intelectuais, os assuntos supostamente "mais eruditos" não são capazes de despertar a atenção da população.

Sustento as minhas ressalvas em relação a essa atitude e gostaria de lançar a seguinte provocação: os brasileiros realmente não gostam de cultura ou não gostam *da maneira* como essa cultura é transmitida publicamente?

As mudanças no interesse do público, observadas durante o auge da pandemia e no período de isolamento social, indicam que a segunda hipótese parece ser a mais coerente. Quero dizer que, neste meio-tempo assistimos a um crescimento significativo de canais de psicanálise no YouTube,[9] além de um grande aumento no número de *podcasts*[10] que versam sobre a transmissão da nossa disciplina. Todos esses recursos, de acesso gratuito, possuem em comum a mesma coisa: são produzidos de forma clara e simplificada, mas sem perder o rigor (uns mais e outros menos, é óbvio).

Assim, ao analisarmos essa dinâmica de disseminação da psicanálise na sociedade, chegamos ao popular paradoxo: "vende mais porque é fresquinho ou é fresquinho porque vende mais?"[11].

Um fato é inegável: a demanda por informações, cursos e aperfeiçoamentos de orientação psicanalítica cresceu significativamente

---

9 Durante a quarentena, os canais no YouTube de psicanalistas como Maria Homem e Christian Dunker, por exemplo, tiveram um crescimento expressivo no número inscritos.

10 Meu *podcast*, Psicanálise de boteco, disponível nos principais agregadores, despontou entre os cinco mais ouvidos no país no Spotify Brasil – um feito inédito para um conteúdo dessa espécie.

11 Conceito criado pelo publicitário Enio Mainardi (1935-2020) na década de 80 para a campanha publicitária de uma marca de biscoitos, tornando-a um ícone no segmento.

nos últimos dois anos. É claro que, em meio a esse mar de ofertas, nos deparamos com produtos de excelente qualidade, mas também com muita gente oportunista, querendo ganhar dinheiro sem ter a mínima noção da disciplina freudiana. Nesse sentido, as palavras do maior interlocutor de Freud, o psicanalista húngaro Sándor Ferenczi, pronunciadas no Segundo Congresso de Psicanálise de Nuremberg, possuem um assustador caráter de presságio:

> *Mas a maneira mais perigosa e mais desprezível de aprovar as teorias de Freud consiste em redescobri-las e propagá-las sob um outro nome. Tais amigos constituem para a psicanálise uma ameaça maior do que a de seus inimigos. O perigo que nos espreita, de certa maneira, é que viéssemos a ficar em moda e crescesse rapidamente o número daqueles que se dizem analistas sem o ser. (Ferenczi, 1911/2011a, p. 174)*

É preciso, contudo, que façamos uma espécie de *filtragem* dessa imensidão de conteúdos que estão circulando por aí livremente. Não é qualquer material disponível que apresenta fidedignidade às ideias de Freud e seus seguidores. É evidente que a "moda psicanalítica" está em alta, porém, esse paradigma descortina os apontamentos realizados na profecia ferencziana: "é grande o número daqueles que se dizem analistas sem o ser". À guisa de exemplo, nestes últimos meses, apareceu uma suposta "graduação em psicanálise", oferecida por uma universidade particular, que foge completamente dos vértices que tangenciam o processo de formação em nossa disciplina. Essas e outras imposturas estão surgindo desenfreadamente, devido à oportunidade de lucrar às custas da ingenuidade do público leigo. Dito de outra forma: *muito oportunismo para pouca qualidade.*

Portanto, *democratizar* a psicanálise não implica *banalizá-la*, abandonando seu rigor ético e epistemológico. É necessário que as grandes instituições renomadas possam oferecer cursos e bolsas de estudos com valores justos e dignos à realidade econômica da sociedade. Ao mesmo tempo, nós, psicanalistas, como "pessoas físicas" também podemos fazer a nossa parte: *transmitindo* uma psicanálise sem soberba e rodeios. Aliás, muitos colegas têm ofertado a modalidade de "grupos de estudos", com preços acessíveis, realizados pelo Zoom e outros aplicativos *on-line*, facilitando o acesso para muitos interessados que gostariam de ter contato com o pensamento de um determinado professor ou professora referência na área. E, por último, mas não menos importante, saliento a necessidade de contarmos com trabalhos produzidos de maneira objetiva e consistente.

No entanto, ao direcionar a teoria psicanalítica para a educação, é preciso desfazer alguns desentendimentos. O primeiro deles consiste na premissa de que nossa disciplina só se vale da interpretação *individual*, ignorando o contexto em que o sujeito está inserido. Bom, sabemos que isso não é verdade, pois autores clássicos, como Freud, Ferenczi e Winnicott, possuem uma série de ensaios sobre os impactos da sociedade na formação subjetiva. Ainda assim, penso ser indispensável que possamos promover uma interlocução entre a psicanálise e o olhar sócio-histórico da psicologia crítica. Não há dúvida de que somos seres singulares, mas não podemos esquecer que tal singularidade é um produto das nossas relações com os outros e que, acima de tudo, somos fiéis representantes do caldo cultural em que estamos mergulhados. Nesse sentido, acompanhemos Patto (1997):

> *A possibilidade de pensamento crítico – do pensamento que vai à raiz do conhecimento, define seus compromissos sociais e históricos . . . – implica saber que o "dado" (ou seja, o modo pelo qual a realidade se oferece como algo dotado de características próprias e já prontas) é ponto de partida sempre abstrato da busca do que se oculta sob*

> *o senso comum, sob os estereótipos e preconceitos, sob a versão corrente do que se pretende conhecer. (Patto, 1997, p. 464)*

Ao instituir os alicerces da perspectiva crítica no campo da psicologia escolar, Patto (1997) ressalta a necessidade de se questionar a naturalização presente em concepções ideológicas vigentes no campo da psicologia, e aqui incluo também a psicanálise, de modo a buscar além do que aparece de forma imediata e compreender a constituição social e histórica dos fenômenos investigados. Este referencial "previne" que façamos generalizações levianas do tipo: "essa criança não aprende porque a família é carente" ou "essa escola não ensina porque está numa região de violência". O pensamento crítico *ultrapassa* os limites impostos por interpretações simplificadas.

Seguindo por essa linha de raciocínio, podemos inferir que a desvalorização da alteridade, caracterizada pela perspectiva neoliberal, tornou-se hegemônica em nossa vida social, apontando para a necessidade de assinalar a existência de múltiplas e renovadas experiências que resistem a essa dinâmica – o que poderá contribuir para ampliar a consciência sobre suas gravíssimas consequências. Com efeito, a dimensão ética do *cuidar* – que será comentada na extensão deste trabalho – insere-se em aberta contradição com a lógica que governa a vida econômica, social e política na contemporaneidade. Uma lógica que Byung-Chul Han (2017) denominou de "sociedade do cansaço", ao dizer que a filosofia do desempenho, apoiada na produção em massa e na competitividade, gera um esgotamento excessivo. Esses estados psíquicos, para o autor sul-coreano, são característicos de um mundo que se tornou pobre em negatividade e que é dominado por um excesso de positividade, isto é: o bem-estar *imediato* promovido pelo consumo de bens. Logo, "o excesso de elevação do desempenho leva a um enfarto da alma" (Han, 2017, p. 71). Esta contradição, longe de exprimir apenas um embate teórico, põe em evidência a profundidade de uma crise que afeta seriamente o futuro da nossa espécie – a destruição da natureza é somente uma das amostras das implicações da *soberania* de um Eu enfraquecido que quer se fazer presente pelo *extermínio* da alteridade, das diferenças.

O segundo mal-entendido que eu gostaria de esclarecer se relaciona à própria construção desta pesquisa. Quando se fala dos *laços* produzidos entre a psicanálise e a pedagogia, o que costuma vir à mente das pessoas é a criação de manuais ou roteiros de intervenção, capazes de resolver problemas que há muito se encontram paralisados em nosso sistema educacional. *Grosso modo*, tenta-se, em vão, atender a demandas como: "se a criança não aprende, o que é preciso ser feito para a resolução do problema?", ou "quais medidas tomar diante de uma turma que possui um excesso de indisciplina?". É claro que uma ação educativa, orientada pelos princípios psicanalíticos, pode promover transformações efetivas, mas isso ocorrerá *em longo prazo*; não se trata de um mecanismo de intervenção instantânea, tampouco milagroso.

Pois bem, voltemos ao título deste item: "uma psicanálise para o povo". No meu ponto de vista, penso que, quando nos implicamos como autores e pesquisadores, compartilhando relatos de nossas próprias vivências, acabamos oferecendo ao leitor uma espécie de pano de fundo, um espaço de criação e possibilidades. Afinal, como bem nos disse Winnicott (1957/2020a), "somos mais do que um conjunto de fatos; e o modo como percebemos nossas experiências e a forma como elas estão entrelaçadas com nossos sonhos formam parte desse todo que *chamamos vida e experiência individual*" (p. 92, grifos meus).

Portanto, este livro é escrito em *primeira pessoa*, tentando desmistificar a compreensão de uma psicanálise inacessível e densamente complicada. Para isso, utilizo recortes das minhas próprias lembranças pessoais e, igualmente, de passagens do meu percurso profissional.

Descrevo, pois, algumas das vivências que pude *experienciar*, desde o ingresso na faculdade de pedagogia, atuando, em seguida, como professor de educação infantil, ensino fundamental e, por fim, como diretor de escola – em um período de, aproximadamente, oito anos. Também compartilho com os leitores, histórias da minha prática como docente universitário (que iniciou em 2015 e segue até hoje).

Acredito que essa é a melhor solução para que o leitor leigo possa se sentir *dentro da pesquisa*. Estou de pleno acordo com Mandelbaum (2019), que nos adverte:

> *A aplicação da psicanálise – enquanto um agregado de teorias construídas ao longo da história dessa disciplina – sobre um determinado contexto, clínico e/ou investigativo, reduz em muito o alcance do que ela teria para oferecer ao estudo do fenômeno. Com isso quero dizer que, a meu ver, a aplicação da psicanálise, como um conjunto teórico preestabelecido, sobre qualquer campo de investigações, é um exercício limitado e em nada próximo do próprio exercício psicanalítico. . . . Freud elaborou sua teoria psicanalítica enquanto praticava a psicanálise. E é assim que a psicanálise se faz.* Psicanálise é uma reflexão de uma prática e a prática de uma reflexão. *(p. 23, grifos meus)*

No seu clássico texto sobre a "metapsicologia do cuidado", Figueiredo (2012) propõe que "uma obra artística, um filme, um bom romance, poesias, são extremamente capazes de conter nossas angústias, nossos desejos e ambições, nossas curiosidades e nossos medos" (pp. 136-137). Quando éramos pequenos, por exemplo, as histórias infantis nos ajudavam a nomear, entender, aceitar e tolerar muitos elementos de nossa vida corporal e mental primitiva.

Essa é a base da *transformação* e do nosso *crescimento emocional* (Figueredo, 2012).

Nossas vidas podem se enriquecer a partir do contato com esses recursos da humanidade, que nos ajudam a simbolizar as nossas ações, assim como *contornam* as nossas vivências. Eis aqui a potência do relato e a forma mais legítima de traduzir a complexidade de uma teoria, sem engessá-la com os moldes da rigidez acadêmica. É preciso lembrar, porém, que "grupos, instituições e indivíduos isolados podem nos ajudar nestas transformações, ajudando a sonhar, ajudando a dar forma, colorido, palavra e voz aos estratos mais profundos do psiquismo" (Figueiredo, 2012, p. 137). Neste ponto, chegamos nos desígnios que sustentam os fundamentos de uma *ética do cuidado* – assunto que discuto no item a seguir.

3. *Algumas poucas palavras sobre ética do cuidado em psicanálise*

> *No mais profundo do nosso ser continuamos crianças e assim ficaremos por toda a nossa vida. Grattez l'adulte et vous y trouverez l'enfant. [Raspem o adulto e por baixo dele encontrarão a criança].*
>
> Ferenczi, 1909/2011b, p. 111

Embora eu defina e explique extensamente, no primeiro capítulo deste livro, a concepção de "ética de cuidado" em psicanálise, acho importante apresentar aqui, mesmo que de maneira sucinta, as noções *fundamentais* desse conceito, assim como a minha decisão de querer trabalhar com ele.

Antes de mais nada, gostaria de assinalar o fato de que muitas pesquisas que se dedicam a investigar as possíveis intersecções entre a psicanálise e a educação o fazem sob a orientação da linhagem lacaniana. Neste sentido, nota-se, nesses conteúdos, uma ênfase atribuída à *ética do desejo*, acompanhada da hipótese de uma suposta escola "desejante" – o que me parece bem estranho, aliás. Ora, se hoje lidamos com indivíduos que possuem um Eu tão *pulverizad*o (dissociado), repleto de fraturas, por causa da ausência de cuidados ambientais primários, fico me perguntando: como conceber a existência de *desejo* quando não há sequer uma noção *básica* de identidade e de diferenciação do outro?

Safra (2005) escreve algumas considerações muito pertinentes ao nosso debate. Acompanhemos:

> *Tradicionalmente, buscamos em nosso trabalho os traços deixados pelo desejo recalcado, deslocado, condensado no discurso, nos sonhos, no brinquedo e na fantasia transferencial. . . . O fato é que nossos pacientes, nos dias de hoje, encontram-se já em estado de dispersão de si mesmos. O que se observa é que o trabalho analítico frequentemente entra em situação de impasse, pois a técnica analítica empregada ameaça o paciente com uma desintegração e uma fragmentação* ainda maiores do que as já vividas por ele. . . . *O analista, nessa situação, fornece as funções buscadas pelo paciente para que ele dê continuidade ao desenvolvimento de si mesmo. (p. 14, grifos meus)*

Elevando um pouco mais o nível da nossa discussão, Christian Dunker (2020), um estudioso de Lacan, denuncia os equívocos embutidos no interior desse posicionamento *radical* de alguns lacanianos, que, lamentavelmente, ainda insistem em priorizar o desejo em prol das noções de empatia e de cuidado. Cito-o:

> *Quanto à empatia é preciso fazer uma nota técnica. Muitos já falaram que empatia não era um conceito psicanalítico. Strachey, tradutor para o inglês de onde veio a nossa edição brasileira da Imago, tentou eliminar o termo* "Einfühlung" *(empatia) em alemão, que Freud usa extensamente, apenas para tentar dar maior cientificidade à psicanálise. Desleixo intelectual e vergonha de quem não é capaz de dar um Google para ver que Titchener inventou a noção psicológica de* empathy *a partir do alemão* Einfühlung. *Não precisamos mais disso.* A arrogância lacaniana precisa acabar e um pouco de pesquisa, ouvido e leitura rigorosa do texto ajudam muito. Aquele que não se dá ao trabalho de ouvir, nunca conseguirá escutar. *(Dunker, 2020, pp. 125-126, grifos meus)*

Além desses aspectos assinalados, temos de convir que o estilo da escrita desse material disponível – sobre pedagogia e psicanálise lacaniana – é quase indecifrável, devido ao uso demasiado de *lacanês*, soando quase como uma afronta aos educadores que nunca tiveram contato com o arcabouço psicanalítico. Tais questões apontadas fizeram-me perceber que a psicanálise ainda permanece distante da realidade educacional, desfrutando de uma suposta erudição narcísica e, com isso, acaba conduzindo os educadores para um estado de maior desalento, pois, na medida em que não compreendem o conteúdo dessas articulações, se sentem ainda mais incompreendidos. Dessa forma, percebi o quanto falta à nossa disciplina o engajamento pelas *causas* humanas, que só será possível mediante a sua própria *humanização*.

É por esses e outros motivos, que pretendo desenvolver ao longo deste trabalho, que irei respaldar as minhas construções pela ética do cuidado em psicanálise. Antes de qualquer coisa, gostaria de lembrar que "aqui, ética é 'amiga' de *éthos* (morada, conjunto de hábitos) e *êthos* (disposição de alma, disponibilidade de espírito)" (Carvalho & Maia, 2009, p. 19), sendo somente possível compreendê-la na esfera da *alteridade*, ou seja, a partir do contato do indivíduo com o outro. Em outras palavras, podemos dizer que se trata de uma ética da vida, da preservação.

À guisa de despertar um maior entendimento a respeito desta linhagem teórica, cito a excelente definição feita por Plastino (2009). Trata-se de um fragmento longo, mas que vale a pena ser lido na íntegra:

> *Antes mesmo de ser uma ação, o cuidar caracteriza uma atitude. Na ausência desta atitude – que exprime a consideração pelo outro e por suas necessidades – as ações do cuidar perdem sua motivação ética, desvalorizam-se e deterioram. Considerado nessa perspectiva, o cuidar revela sua dimensão ética, alicerçada no reconhecimento da alteridade e seus correlatos, na diminuição do narcisismo e da onipotência. Este reconhecimento do outro na sua alteridade se exprime na própria etimologia da palavra grega* éthos *(da qual deriva ética), que remete a dois sentidos: "morada" e "pátria"; a primeira refere-se assim às condições necessárias ao acontecer humano, isto é, ao que permite a cada sujeito "morar" no mundo inserido numa comunidade (Safra, 2004, p. 26). Morada, pátria, um lugar para viver, significa um lugar* para ser, *o que, como se verá, se relaciona direta e profundamente com a questão do sentido da vida. Esse "lugar", considerado uma condição para a emergência do ser, é na realidade o "nós" no interior do qual o sujeito pode construir sua singularidade. Supõe, então, o mútuo reconhecimento.* É a relação fundante com o outro, *o pertencimento*

> *a um* coletivo, *o ser parte de uma comunidade, que constitui a condição fundamental para o vir a ser do sujeito e para o desenvolvimento de* sua singularidade. *(pp. 53-54, grifos meus)*

Podemos afirmar que, no campo psicanalítico, a ética do cuidado inaugurou-se com as contribuições do analista húngaro Sándor Ferenczi, recebendo novos e importantes significados por meio das descobertas e publicações do pediatra britânico Donald W. Winnicott. Ferenczi ficou conhecido, em nossa história, como o analista de "casos difíceis", atendendo inúmeros pacientes que haviam sido vítimas de traumatismos psíquicos severos e que, por isso, não respondiam à técnica psicanalítica padrão desenvolvida por Freud. O autor húngaro também se consagrou como um grande *cientista clínico*, buscando sempre o alívio *efetivo* dos sofrimentos de seus analisandos. Winnicott, por sua vez, é um herdeiro direto da pediatria e ingressou na psicanálise com esse "diferencial" a seu favor. O autor inglês se considerava um estudioso da *natureza humana* e, gradualmente, firmou os alicerces de sua teoria do desenvolvimento maturacional. "Cuidado", portanto, é o termo winnicottiano usado para se referir à *provisão ambiental*, imprescindível à integração do *ser* que, nos primeiros períodos da vida, necessita de uma presença ativa, devotada e confiável, desempenhada pela figura cuidadora.

Esses grandes mestres inovadores nos permitiram refletir sobre a existência de um manejo clínico ancorado no *tato* e na *empatia* do analista; recursos que, por sinal, também são indispensáveis ao exercício pedagógico. Winnicott (1970/2021) em seu texto "Cura: uma conversa com médicos", nos dirá que a clínica psicanalítica deve acontecer no âmbito do relacionamento entre *dois seres humanos*. Por essa razão, a concepção de cura, no sentido *médico* do termo, precisa ser substituída por uma conotação mais abrangente: de cura enquanto um exercício de *cuidado pelo outro*. Nas palavras do autor:

"A psicanálise não se resume a interpretar o inconsciente reprimido, mas fornece um *setting* profissional para a *confiança*, no qual esse trabalho pode ocorrer" (Winnicott, 1970/2021, p. 134, grifos meus). Ferenczi (1932/1990), nas notas realizadas em seu *Diário clínico*, segue esse mesmo fio condutor: "Contra a vontade de Freud, comecei a tratar publicamente de questões referentes à técnica. Recusava-me a abusar assim da *confiança* dos pacientes . . .; eu achava . . . que nós ainda estávamos, talvez, *insuficientemente* equipados" (p. 233, grifos meus). Para esses autores, a posição do analista requer um alto nível de *confiabilidade* e não pode ser fundada em uma postura fria e distante.

A mesma hipótese pode ser atrelada à educação. Rubem Alves, em um de seus textos mais tocantes, que versa sobre a organização do currículo escolar, questiona: "onde se ensina a compaixão? Como se ensina a compaixão? O lugar da compaixão não é o lugar do conhecimento. É no coração. É do coração que a *ética* surge, como determinação *viva do corpo*" (Alves, 2013, pp. 32-33, grifos meus).

Não se trata de romantizar o processo educacional, de esquecer que a prioridade da escola é ensinar, compartilhar conhecimentos, e que, para isso, o mínimo de ordem (e limite) torna-se indispensável. O que pretendo demonstrar, com essas breves reflexões, é que uma boa prática pedagógica precisa alinhavar os aspectos emocionais com os cognitivos. Afinal de contas, um conhecimento produzido sem tocar o coração é um conhecimento vazio de sentido, que tende a vagar aleatoriamente pelo espaço da racionalidade.

Trata-se de superar os dualismos que imperam na modernidade: individual e coletivo, natureza e cultura, corpo e psiquismo, que, quando deixam de ser pensados em termos de oposição e dominação, passam a ser compreendidos como ligados a um processo de continuidade, sem rupturas e exclusões. Neste âmbito, a ética do cuidado se mostra extremamente eficaz e transformadora.

4. A definição do problema de pesquisa e do seu objetivo

> *O progresso, no trabalho científico, ocorre de maneira muito semelhante ao de uma análise. Levamos expectativas para o trabalho, mas temos de refreá-las. Através da observação aprendemos algo novo – ora aqui, ora ali – e inicialmente as peças não encaixam. Estabelecemos hipóteses, fazemos construções auxiliares, que retiramos quando não se confirmam; necessitamos de muita paciência, de prontidão para toda possibilidade; renunciamos a convicções prematuras, que nos obrigariam a não enxergar fatores novos e inesperados, e, por fim, todo esforço é recompensado, os achados dispersos se combinam, obtemos uma visão de toda uma parcela do funcionamento mental, completamos a nossa tarefa e estamos livres para a próxima.*
>
> Freud, 1933/2010a, p. 343

Assim como na análise, ocasião em que nossa instância crítica pode interromper o método da associação livre; no trabalho de escrita a mesma situação não é rara de acontecer. Talvez tenha sido isso que Freud quis nos mostrar ao comparar o método científico com o tratamento psicanalítico. Ele também está correto quando afirma que há momentos em que as peças simplesmente *não se encaixam*. E consegue ser ainda mais preciso ao dizer que necessitamos de *paciência* para renunciar a convicções prematuras. Um projeto de investigação nasce a partir de um "processo de elaboração, esclarecimento e precisão" (Berlinck, 2008, p. 313).

Utilizo como ponto de partida os aspectos que foram apresentados, desde o início desta Introdução, a saber: as inquietações inspiradas pelo meu trajeto na educação. São elas que, de forma direta e indireta, influenciaram o desenvolvimento deste material. Em síntese, posso dizer que o meu percurso de estudos em psicanálise, assim como a minha prática clínica, são os fatores responsáveis pelo estabelecimento dos alicerces deste livro, principalmente no que diz respeito à sua orientação teórica. Esclareço: há uns seis anos, mais ou menos, vivenciei um período de transição em meu consultório particular. A minha demanda de atendimentos, que era predominantemente infantil, passou a ser formada por adultos que, com certa frequência, traziam queixas de vazio, depressão, futilidade e a sensação de estarem vivendo uma vida sem sentido. Esse *turning point* da minha clínica levou-me a estudar autores que podiam me servir de amparo à compreensão de tais sofrimentos psíquicos, aprimorando o meu manejo e a minha técnica. Foi nesse período, então, que passei a ter um contato mais íntimo com as teorias de Ferenczi e Winnicott, buscando supervisores e analistas experientes que se pautavam nessas ideias.

Logo, decidi unir o útil ao agradável, pois, à medida que eu mudava a minha orientação clínica de escuta e tratamento, também comecei a me dar conta de quanto as contribuições desses autores se faziam essenciais ao campo da educação. Assim, analisando as publicações da área, percebi que uma pesquisa de doutorado, guiada por essa perspectiva da ética psicanalítica – a ética do cuidado – se fazia urgente a esse espaço de interlocução. Diante disso, introduzi as seguintes indagações:

De que forma, as teorias propostas por Sándor Ferenczi e Donald W. Winnicott, pertencentes a um campo predominantemente psicanalítico, poderiam ser desdobradas para além dos limites do consultório, possibilitando um diálogo significativo com a educação? É possível pensar em uma prática pedagógica alçada pelos princípios da ética do cuidado? Como abordar esse arcabouço teórico de maneira clara, coerente e didática, sem cair nas mazelas de um reducionismo leviano?

Essas são as questões *norteadoras* da pesquisa que teve como objetivo investigar as contribuições da ética do cuidado em psicanálise para uma ação educativa transformadora e menos engessada, buscando a superação de dualismos que tendem a restringir a nossa compreensão dos fenômenos e dos laços sociais – formados no ambiente escolar e no seu respectivo contexto sócio-histórico. Nesse sentido, os resultados apontados também se irradiam para o campo da clínica, no ofício do analista propriamente dito, tendo em vista que a nossa prática é (e sempre será) atravessada pelos fenômenos da cultura.

5. Considerações sobre o método

> *A psicanálise aplicada é, inescapavelmente, um campo interdisciplinar. Ela requer que a perícia do estudioso seja emparelhada à perícia do analista. Seja ou não o analista um perito no campo de aplicação, ele deve estar preparado para encontrar suas explanações, ou aspectos delas, subvertidas por novas descobertas acadêmicas que invadem as provas sobre as quais ele baseou suas conclusões. . . . Assim, a psicanálise aplicada se erige sobre duas dependências: a psicanálise clínica e os estudos e pesquisas das humanidades e ciências sociais.*
>
> Hanly, 1995, p. 62, grifos meus

Optei por iniciar este item com uma citação de Hanly (1995)[12] sobre a psicanálise aplicada porque, ao tomar como base os padrões propostos originalmente por Freud, esta pesquisa se encaixaria no que ele

12 Conforme uma indicação de leitura do professor Renato Mezan, em um de seus seminários teóricos lecionados no Programa de Estudos Pós-Graduados em Psicologia Clínica da PUC-SP – a quem sou muito grato.

denominou, de fato, como *psicanálise aplicada ou clínica ampliada.* Trata-se de uma investigação que aborda a teoria e os conceitos psicanalíticos para *além* das restrições impostas pelas paredes do consultório, mas sem renegar *o pensamento clínico* e específico de nossa disciplina, tão peculiar e subjetivo – o que a torna um tanto quanto complexa. Além disso, Hanly (1995) nos diz que "a psicanálise aplicada é, inescapavelmente, um campo interdisciplinar". Assim, entre estes dois extremos – psicanálise e educação –, encontramos olhares epistemológicos bastante diferentes, que podem vir a fecundar um solo rico de discussões.

É preciso reconhecer que as concepções sobre um determinado assunto variam de acordo com o quadro conceitual que se considera como pano de fundo. Contudo, para propor esse intercâmbio de ideias, a *interdisciplinaridade* – como nos sugere Hanly – é um recurso indispensável e, desse modo, crucial à nossa pesquisa. Afinal, é o próprio Freud (1913/2012a) quem escreve: "a psicanálise reivindica o interesse de outros profissionais além dos psiquiatras, pois toca em vários outros âmbitos da ciência e estabelece inesperadas relações entre estes e a patologia da vida psíquica" (pp. 329-330).

Encontramos, assim, uma forma singular de conduzir uma pesquisa, mas que em hipótese alguma perde os princípios norteadores da eficácia científica – método, objetivo, análise bibliográfica, resultados etc. No entanto, a pesquisa em psicanálise se baseia, sobretudo, num paradoxo. Vejamos:

> *O pensamento lógico formal simplifica tudo isso, congelando o devir e abstraindo os entes singulares, a fim de obter conceitos imutáveis e poder operar por meio deles. Assim sendo, ele só pode se processar numa sequencialidade ordenada,* enquanto a lógica paradoxal, com

> sua polissemia – *em que cada sentido remete a vários outros – opera uma simultaneidade semovente. (Naffah Neto, 2010, p. 127, grifos meus)*

Partindo deste pressuposto, o grande desafio do analista pesquisador, ao criar um projeto de nível acadêmico, é aprender a traduzir essa *lógica paradoxal*, característica da clínica psicanalítica e rica na sua polissemia, para um pensamento *lógico formal*, exigido pelas universidades – sem achatar e simplificar a complexidade subjetiva do fenômeno clínico. "Tarefa quase impossível, poderíamos dizer, a exigir um longo desenvolvimento e aprimoramento da escrita" (Cintra & Naffah Neto, 2019, p. 22).

De acordo com a minha experiência pessoal, a escrita ocorre por meio de um movimento interno e externo. *Interno*, pois, ao ler as contribuições dos autores que estamos estudando, somos tocados pelas mudanças que eles provocam em nosso *interior*. Esse processo não está apenas interligado ao amadurecimento intelectual, mas aos múltiplos significados que esses grandes mestres produzem em nossas vivências e, por conseguinte, nos aspectos afetivos e emocionais que estruturam o nosso *ser*. Em contrapartida, quando tentamos transmitir essas inquietações aos outros, fazemos um trabalho dedicado, essencialmente, ao *externo*. Por isso, tendemos a escrever sempre aquilo nos toca.

Na tentativa de achar um estilo que fundamentasse a estrutura da minha pesquisa, me deparei com o conceito de "autoficção". Trata-se de uma narrativa escrita em primeira pessoa, que mistura recortes de realidade e fantasia. Na verdade, essa escrita de si não é considerada exatamente como um gênero da literatura, mas como um fenômeno literário típico da pós-modernidade (Araújo, 2011). Em 1977, Serge Dubrovsky lançou o neologismo "*autofiction*", fusão de autobiografia e ficção, na capa de seu romance *Fils*. Hoje, no

Brasil, a autora Tati Bernardi[13] se destaca como uma das maiores representantes desse estilo literário.

As histórias contadas neste livro servem para dar corpo e sustentação aos conceitos teóricos que estão sendo delineados e explicados ao leitor. Nesses relatos, misturo um pouco das minhas memórias pessoais com fragmentos de observações do cotidiano escolar. Eis o método que encontrei para aproximar o público do conteúdo "técnico" aqui explorado. De forma análoga, o ofício do pesquisador implica uma "atitude passiva de se deixar impregnar pelo outro, tanto corporal quanto espiritualmente, para depois destilar, das marcas desse encontro, os ingredientes necessários à formulação do conhecimento buscado" (Cintra & Naffah Neto, 2019, p. 29).

6. *Sobre a estrutura do livro*

Sou bem-nascido. Menino,
Fui, como os demais, feliz.
Depois, veio o mau destino
E fez de mim o que quis.

Bandeira, 2009, p. 7

No primeiro capítulo, apresento um panorama geral do tema que é a espinha dorsal deste livro, ou seja, a "ética do cuidado" propriamente dita. Para tanto, destaco a importância de resgatarmos o *valor social* da psicanálise, com a intenção de pensarmos os impactos da exclusão no tecido cultural. Saliento a necessidade de concebermos uma espécie de *psicanálise crítica*, orientada pelo viés sócio-histórico. Em seguida, menciono de que forma nossa disciplina é apresentada aos

13 Autora de vários livros, entre os quais o *bestseller Depois a louca sou eu*, publicado em 2016 pela Companhia das Letras, que vendeu mais de 40 mil cópias.

professores – *quando é* – no contexto social brasileiro. Aqui, levanto a urgência de democratizarmos o *acesso* à teoria psicanalítica, a começar pelo estilo da escrita dos nossos textos. Por fim, apresento detalhadamente a concepção de ética do cuidado em psicanálise, costurando-a com aspectos da educação escolar.

Neste volume 1, abordo, em específico, as ideias de Sándor Ferenczi. Oriento-me pelos conceitos centrais do seu pensamento, promovendo uma interlocução desse arcabouço teórico-clínico com o campo pedagógico. Seguindo a linha de uma ordem cronológica, proponho um estudo da sua obra, iniciando, no capítulo 2, por seus artigos mais primitivos (situados entre 1908 e 1913), que tecem uma crítica ao dogmatismo pedagógico e possuem uma sólida vertente relacionada ao campo social e político.

No capítulo 3, demonstro que a originalidade das ideias de Ferenczi antecedem, inclusive, o período de sua análise pessoal com Sigmund Freud. Refiro-me à contribuição do autor húngaro ao ampliar a noção clássica de "transferência". Também explico o que ele quer dizer ao criar o termo "introjeção".

Por essa via, no capítulo 4, trabalho com uma das pesquisas mais interessantes de Ferenczi: sua descoberta sobre o desenvolvimento do sentido de realidade e a perda da ilusão de onipotência infantil. Como se dá a passagem do princípio do prazer para o princípio de realidade? – é uma das perguntas que o autor nos faz.

Adiante, no capítulo 5, abordo alguns dos seus escritos mais tardios, que se debruçam sobre a prática psicanalítica (publicados na década de 1920), explorando as *transformações* realizadas por Ferenczi, que começam com a técnica ativa e culminam na concepção de elasticidade, empatia e tato.

Por último, no capítulo 6, sugiro uma possível aproximação da teoria ferencziana do trauma, baseada, sobretudo, na noção de *desmentido*, com os impactos deixados pela pandemia da covid-19. Entendo essa ocasião como uma manifestação de um *desmentido social*, causado pelo Estado e pela ausência de políticas públicas. Com efeito, destaco a importância fundamental da prática do testemunho e do sentido afetivo da capacidade de *narrar-se*.

Apesar de tentar me fixar a esses pontos teóricos durante a produção dessa pesquisa, estou longe de querer recomendar um manual de instruções sobre "o que fazer e como agir". Divido, com o leitor, os frutos que colhi ao longo da minha jornada, correlacionando as ideias da *psicanálise do cuidado* com a prática educativa e o exercício clínico. Espero, assim, que este livro contribua para novos enfoques e debates preciosos, embora a complexidade desses dois eixos – psicanálise e pedagogia – nos impeça de apresentar conclusões e respostas definitivas. Finalizo, lançando mais indagações do que certezas, e, com a esperança de que esse diálogo possa render sementes que, num futuro próximo, servirão para florescer mudanças no *ser* e no *fazer* educacional e psicanalítico.

Desejo às senhoras e aos senhores uma excelente leitura!

Referências

Alves, R. (2013). *Lições do velho professor.* Papirus.

Araújo, P. G. (2011). *Trato desfeito: o revés autobiográfico na literatura contemporânea brasileira.* 107 f. [Dissertação de mestrado em Literatura, Universidade de Brasília]. Brasília, 2011.

Bandeira, M. (2009). *Poesia completa e prosa.* Nova Aguilar.

Barros, M. (2015). *Menino do mato.* Objetiva. (E-book)

Berlinck, M. (2008). *Psicopatologia fundamental.* Escuta.

Cintra, E. M. U. & Naffah Neto, A. (2019). Paradoxo, noite e mistério: os labirintos da pesquisa psicanalítica. In I. Kublikowski,

E. Kahhale & R. M. Tosta (Orgs.), *Pesquisa em psicologia clínica: contexto e desafios.* Educ. (E-book)

Carvalho, M. R. & Maia, M. S. (2009). Em tempos de descuido: o paradigma do cuidado. In M. S. Maia (Org.), *Por uma ética do cuidado*. Garamond.

Dunker, C. (2020). *Paixão da ignorância: a escuta entre psicanálise e educação.* Contracorrente.

FAO, IFAD, UNICEF, WFP and WHO. (2022). *The State of Food Security and Nutrition in the World 2022. Repurposing food and agricultural policies to make healthy diets more affordable*. FAO. https://doi.org/10.4060/cc0639en

Ferenczi, S. (1990). *Diário clínico.* Martins Fontes. (Trabalho originalmente publicado em 1932)

Ferenczi, S. (2011a). Sobre a história do movimento psicanalítico. In S. Ferenczi, *Obras completas* (vol. 1). Martins Fontes. (Trabalho originalmente publicado em 1911)

Ferenczi, S. (2011b). Transferência e introjeção. In S. Ferenczi, *Obras completas* (vol. 1). Martins Fontes. (Trabalho originalmente publicado em 1909)

Freud, S. (2010a). Acerca de uma visão de mundo. In S. Freud, *Obras completas* (vol. 18). Companhia das Letras. (Trabalho originalmente publicado em 1933)

Freud, S. (2010b). Além do princípio do prazer. In S. Freud, *Obras completas* (vol. 14). Companhia das Letras. (Trabalho originalmente publicado em 1920)

Freud, S. (2010c). Esclarecimentos, explicações, orientações. In S. Freud, *Obras completas* (vol. 18). Companhia das Letras. (Trabalho originalmente publicado em 1933)

Freud, S. (2012a). O interesse da psicanálise. In S. Freud, *Obras completas* (vol. 11). Companhia das Letras. (Trabalho originalmente publicado em 1913)

Freud, S. (2012b). Sobre a psicologia do colegial. In S. Freud, *Obras completas* (vol. 14). Companhia das Letras. (Trabalho originalmente publicado em 1914)

Freud, S. (2020). Psicopatologia da vida cotidiana. In S. Freud, *Obras completas* (vol. 5). Companhia das Letras. (Trabalho originalmente publicado em 1901)

Figueiredo, L. C. (2012). *As diversas faces do cuidar: novos ensaios de psicanálise contemporânea.* Escuta.

Han, B.-C. (2017). *Sociedade do cansaço.* Vozes.

Hanly, C. (1995). *O problema da verdade na psicanálise aplicada.* Imago.

Herzog, R. & Pacheco-Ferreira, F. (2015). Trauma e pulsão de morte em Ferenczi. *Ágora: Estudos em Teoria Psicanalítica, 18*(2), 181-194. https://doi.org/10.1590/S1516-14982015000200002

Mandelbaum, B. (2019). O que pode a psicanálise no campo da psicologia social? In M. Winograd & M. V. F. Cremasco. (Orgs.), *O que pode a psicanálise.* Blucher.

Naffah Neto, A. (2010). Paradoxo e racionalidade no homem winnicottiano: a sombra de Heráclito de Éfeso. *Revista Brasileira de Psicanálise, 44*(2), 123-133.

Patto, M. H. S. (1997). O papel social e a formação do psicólogo: contribuição para um debate necessário. In M. H. S. Patto (Org.), *Introdução à psicologia escolar.* Casa do Psicólogo.

Plastino, C. A. (2009). A dimensão constitutiva do cuidar. In M. S. Maia (Org.), *Por uma ética do cuidado.* Garamond.

Roudinesco. E. (2014). *Sigmund Freud: na sua época e em nosso tempo.* Zahar. (E-book)

Safra, G. (2005). *A face estética do self: teoria e clínica.* Ideias & Letras.

Winnicott, D. W. (1990b). *Natureza humana.* Imago. (Trabalho publicado postumamente em 1988)

Winnicott, D. W. (2020a). A contribuição da psicanálise para a obstetrícia. In D. W. Winnicott, *Bebês e suas mães*. Ubu. (Trabalho originalmente publicado em 1957)

Winnicott, D. W. (2021). Cura: uma conversa com médicos. In D. W. Winnicott, *Tudo começa em casa.* Ubu. (Trabalho originalmente publicado em 1970)

1. A ética do cuidado na psicanálise e na educação: diferentes espaços, novos diálogos

1.1 Por uma psicanálise social e menos excludente

> *O discurso pedagógico, enquanto dispositivo de controle da educação, funciona suprimindo o sujeito* e a psicanálise é justamente aquela que pode lembrá-lo disso, *mesmo que se não a consulte. . . . Entendemos que o papel da psicanálise na educação é fundamentalmente o de recolocar o sujeito na cena educativa da qual ele foi expulso.*
>
> Voltolini, 2018, p. 29, grifos meus

Para assegurar a eficiência do papel da psicanálise aplicada ao campo da educação caberia a "exigência" de análise pessoal aos professores?

Ora, devo salientar, de imediato, que *não* tenho pretensão alguma de "transformar" educadores em psicanalistas. Logo, a necessidade de análise pessoal, indispensável ao processo de formação em nossa disciplina, cai por terra. Não menciono isso simplesmente por acreditar que o tratamento psicanalítico "não combina" com os educadores.

Pelo contrário, creio que poderia fazer muito bem – dependendo do psicoterapeuta, obviamente. Digo isso porque não vivo em "Nárnia"[1] e tenho total ciência de quanto custa uma sessão de análise em nosso país[2] em relação à média salarial dos professores. Portanto, conforme abordado na Introdução, a proposta desta pesquisa consiste em promover a produção de *sentido* no coração do encontro entre a educação e a *teoria* psicanalítica que aqui será abordada.

Nessa perspectiva, cito Mezan:

> *O termo* teoria *condensa aqui o conjunto de hipóteses sobre a vida psíquica de que dispõe o psicanalista para se orientar em meio ao fluxo discursivo e vivencial em que consiste um processo analítico. O analista não escuta apenas com teoria, mas com todo o seu repertório de lembranças, fantasias e experiências, do qual emergem, sob a incitação do que ouve e presencia, as metáforas que servem de guia para as suas intervenções; seu pensamento transita permanentemente entre essas várias dimensões e, dentro da dimensão teórica, entre os vários níveis em que se situam as hipóteses consideradas pertinentes para a compreensão da dinâmica específica daquele momento e daquele conteúdo. (Mezan, 2019, p. 493, grifos do autor)*

Seguindo esse mesmo fio condutor, o autor afirma que o objetivo da teoria psicanalítica é duplo: "apreender o *individual do indivíduo*

---

1 Nárnia é um mundo fantástico criado pelo escritor irlandês Clive Staples Lewis onde se desenrolam *As crônicas de Nárnia*, uma série de sete livros. Nesse mundo, alguns animais podem falar, as criaturas mitológicas circulam em abundância e a magia é comum.

2 Apesar de notarmos um aumento das chamadas "clínicas sociais", a psicanálise ainda precisa caminhar muito para a sua democratização.

e construir *uma visão geral da psique humana*, das suas estruturas, do seu funcionamento e dos desarranjos a que está sujeita" (Mezan, 2019, p. 518, grifos do autor). Com efeito, qualquer pesquisa que se propõe a investigar as ressonâncias de uma "psicanálise extramuros" precisa superar a limitação da dicotomia "singular *versus* social". Caso contrário, ficará restrita a uma dessas duas categorias. Portanto, "o que é singular num nível é *genérico em outro*, de modo que devemos tomar esse termo não como um sonho singular ou um sintoma singular, mas como a singularidade de um indivíduo, com toda complexidade que isso envolve" (Mezan, 2019, p. 518, grifos meus).

Assim, considero que o discurso da psicanálise se insere no campo da educação principalmente para enriquecer e ampliar os meios de atuação dos seus agentes (pais, professores, alunos, gestores, comunidade etc.). Esclareço: se determinado aluno não está aprendendo ou apresenta um comportamento demasiadamente agressivo, quais as contribuições da teoria psicanalítica para a compreensão de tais fenômenos e para a criação de possíveis intervenções?

Pois bem, não nos esqueçamos de que a experiência da escuta tem uma função educativa *indireta*: a modulação de nossos afetos, emoções e sentimentos. É pela escuta, pela temporalidade que ela exige e pelo efeito de empatia que ela provoca que podemos dizer que ela atua como uma espécie de mecanismo *curativo* para os sofrimentos. Desse modo, ao conhecer algumas propriedades da dinâmica do psiquismo de seus alunos e das questões relacionadas ao desenvolvimento emocional, o professor poderá ser capaz de expandir a "simples" habilidade de *escutar*. A aquisição dessa capacidade é um processo lento, difícil, que exige esforço, concentração e tenacidade – ainda que pareça natural.

Quando me refiro à escuta, não se trata de uma orientação sustentada, unicamente, pela primazia do indivíduo, sem a consideração do contexto histórico-social que o cerca. Aliás, praticar a psicanálise dessa forma, mesmo que na esfera "privilegiada"[3] da clínica, demonstra a total falta de conhecimento da teoria e da ética psicanalítica como um todo. Os grandes teóricos, como Freud, Ferenczi, Klein e Winnicott, por exemplo, jamais deixaram de observar o cenário em que os seus pacientes estavam inseridos. Não obstante, a nossa ciência teve a sua origem demarcada justamente *nessas* condições. Foi observando os efeitos de uma sociedade altamente repressora que Freud (1893-1895) descobriu as causas de muitos adoecimentos psíquicos.

Mesmo assim, a psicanálise contemporânea é atacada com a crítica recorrente de que restringe sua produção teórica ao enquadre da clínica individual, além de não oferecer hipóteses que contribuam para o debate e a análise das questões macroestruturais. Sérgio Paulo Rouanet, por exemplo, em entrevista[4] concedida à revista *Percurso*, indica que são poucos os trabalhos psicanalíticos voltados à compreensão dos fenômenos sociopolíticos e do mal-estar na cultura de nossos tempos (Rodrigué, 2005).

Será que nossa disciplina efetivamente se encontra hoje dissociada do contexto histórico e das angústias do mundo contemporâneo? Será que a herança freudiana de atribuir à psicanálise um potencial teórico capaz de analisar e compreender os grandes conflitos da humanidade não foi mantida ao longo desses anos?

Comecemos pela minha primeira resposta. O chamado "mal-estar na cultura" de nossos dias certamente não é o mesmo de antes, ainda que postulemos o reconhecimento de sua constante mutação. Talvez em muitos momentos de nossas teorizações, os psicanalistas não souberam questionar adequadamente a multiplicidade das diferenças. Essa envergadura é indispensável

---

3 Uso a palavra "privilegiado", pois a teoria psicanalítica foi produzida, predominantemente, para a *atividade clínica*, ainda que diversos teóricos, a começar pelo próprio Freud, tenham escrito ensaios de âmbito social e cultural.

4 A entrevista, intitulada "Furacão freudiano", foi feita por Emílio Marcos Rodrigué.

à possível passagem de uma psicologia *individual* para uma *coletiva*. Nesse sentido, devo ser honesto com o leitor e admitir que, enquanto buscava algumas referências para meu tema de pesquisa, acabei encontrando uma série de textos que tinham em comum o relato de casos clínicos cuja intenção era "comprovar" ou "validar" suas hipóteses teóricas. O problema, porém, consiste no fato de que esses trabalhos partiam de uma condição *micro* e caminhavam em direção ao *macro*; ou seja, o inconsciente de uma criança rica, moradora de bairros nobres, atendida no conforto de um consultório particular, era considerado *idêntico* ao de uma criança pobre, residente na periferia de uma grande metrópole. Encontramos aí duas grandes incoerências que *validam* as ferrenhas críticas dirigidas à psicanálise: 1) considera-se, nesses casos, como único parâmetro a vivência particular obtida numa condição social de privilégio; 2) despreza-se a realidade do país, constituída, majoritariamente, por uma população desprovida de recursos e negligenciada pelo Estado.

Aproximando-me do cúmulo dos absurdos, cheguei a ler, em um livro publicado recentemente sobre psicanálise e pedagogia, que o modelo ideal de escola a ser seguido deveria ser a de *currículo bilíngue*, pois, segundo o autor, *ela garantiria o acesso à pluralidade de ideias, culturas e linguagens*. Ora, é no mínimo ofensivo fazer uma sugestão como essa – caríssima e inacessível para a maior parte do povo – frente ao atual panorama em que se encontra a educação pública brasileira. Materiais dessa categoria ilustram perfeitamente as apreciações apontadas pelo fragmento a seguir:

> *O individualismo, como uma das bases do liberalismo, criou "raízes profundas no pensamento educacional" (Patto, 1984, p. 24), bem como em teorizações psicológicas voltadas para questões escolares,* por meio das quais fenômenos sociais são reduzidos ao âmbito individua*l;*

> *diante da naturalização destes fenômenos, enquanto o foco de sua análise centra-se no indivíduo, de modo a não se atentar para os elementos sociais e históricos envolvidos em sua constituição, a psicologia* contribui para a legitimação *da desigualdade social e a manutenção do* status quo. *(Checchia, 2020, pp. 85-86, grifos meus)*

Ao mesmo tempo, avalio que essa mesma crítica poderia ser revista e ponderada, caso fosse diretamente voltada à psicanálise. Falo isso porque muitos analistas têm se dedicado, nas últimas décadas, a pensar sobre as interfaces resultantes do debate entre a psicanálise, a sociedade e a cultura. Luis Claudio Figueiredo, Joel Birman e Renato Mezan são referências brasileiras colossais nesse assunto. O Grupo Brasileiro de Pesquisas Sándor Ferenczi, o Instituto Sedes Sapientiae e o Centro de Estudos Psicanalíticos (CEP) também são instituições que representam a vivacidade desse diálogo esperançoso, promovendo discussões riquíssimas a respeito dos impactos sociais da pandemia, do racismo estrutural e da homofobia, assim como suas vicissitudes políticas. No que tange à educação, temos a produção de autoras como Ana Archangelo, Cintia Copit Freller e Maria Regina Maciel, que pesquisam diretamente o tema "pedagogia e psicanálise" em situações de risco e vulnerabilidade.

Todavia, não podemos nos esquecer de que, além de uma terapêutica do sujeito, a psicanálise é igualmente uma teorização da *relação* do indivíduo com o mundo em que vive, razão pela qual as transformações sociais devem interessar à pesquisa psicanalítica, tanto em sua prática como em sua teoria. Portanto, a responsabilidade do analista se situa na *clínica* e, na mesma medida, no *social*, uma vez que nenhuma subjetividade se forma sem essas implicações. Freud sempre recusou a clássica distinção entre individual e singular de um lado, coletivo e social do outro – característica visível em textos como "A moral sexual 'cultural' e a doença nervosa" (1908),

"Considerações contemporâneas sobre a guerra e a morte" (1915), "Psicologia das massas e análise do Eu" (1921), "O futuro de uma ilusão" (1927), e o fabuloso "O mal-estar na cultura" (1930), citando aqui apenas os principais.

Nos últimos anos, a produção teórica acontece, em sua maior parte, sobre os estudos das novas formas de subjetivação e sua relação com as macroestruturas sociais dominantes. É raro, atualmente, encontrar algum trabalho psicanalítico sobre patologias contemporâneas que lance mão do conceito de "sintoma social" e que não parta da ideia freudiana de "mal-estar" para estabelecer relações entre sociedade, sofrimento psíquico e cultura.[5] Frequentemente, a ênfase é colocada sobre os efeitos trágicos do neoliberalismo,[6] aprofundando a questão do trauma e do aniquilamento dos laços sociais e das referências simbólicas. Soma-se a essa conta a quantidade significativa de publicações que versam sobre os adoecimentos narcísicos, relacionados à sociedade do espetáculo e às defesas maníacas como um mecanismo significativo de recusa do sofrimento – o uso em excesso dos recursos tecnológicos, as compulsões, o consumo desenfreado, abuso de álcool e drogas etc.

Por um lado, concordo que estamos caminhando para desfazer esses graves equívocos; por outro, no que corresponde ao campo da psicanálise e da educação, considero que ainda temos muito chão para andar. A grande maioria dos conteúdos é presunçosa, incoerente e superficial. Ou, de maneira oposta, oferecem uma tentativa tosca de implementar um manual de "como proceder" em casos de crianças que escapam da "normalidade". Passamos, assim, a corda em torno

---

5 Recentemente publiquei dois artigos sobre esse tema. Ao leitor interessado, recomendo a leitura: "Não dá mais! A impiedade de Cronos, o idoso e o cenário atual brasileiro" (Almeida & Naffah Neto, 2020) e "O superego arcaico, as redes sociais e sua relação com o *burnout* na era do cansaço" (Almeida, 2022).

6 Recomento o excelente livro *Neoliberalismo como gestão do sofrimento psíquico*, organizado por Safatle, Silva Junior e Dunker (2020).

do nosso próprio pescoço, pois uma empreitada desse calibre não pode se limitar ao estilo de um receituário médico, tampouco se basear nas premissas de uma moral normativa.

Neste sentido, a possibilidade de trazer a teoria psicanalítica para perto do professor – falando sua língua, por meio de um *discurso* vivo, coerente com a *realidade* educacional – representa uma estratégia que pode facilitar o alcance dos efeitos de minha pesquisa. Entendo que a clínica deve ser *ampliada*, ou seja, compreendida não apenas no interior dos nossos consultórios particulares, mas expandida aos mais diversos campos da sociedade e da cultura. À guisa de esclarecimento, cito Mezan novamente:

> *Ao abordar os fenômenos sociais ou culturais, o psicanalista emprega os mesmos conceitos e hipóteses construídos no estudo do indivíduo; mas não pretende* modificá-los *por sua ação. Cuida apenas de os explicar, e espera que essa explicação contribua, a longo prazo e com o auxílio de outros fatores, para que os homens possam transformar suas condições de vida. (Mezan, 2014, p. 558, grifos do autor)*

Espero, por intermédio da narrativa de exemplos relacionados ao cotidiano escolar, "interpretados" pelas lentes da psicanálise do cuidado, promover o despertar de uma ação educativa diferenciada, capaz de, *em longo prazo*, contribuir para que os professores, junto aos pais e à comunidade escolar, consigam *transformar* uma realidade que há muito encontra-se abandonada pelo Estado, cristalizada pelos métodos tradicionais e assombrada pelos fantasmas da exclusão.

Neste ponto, cabe um breve adendo sobre o caráter controverso do conceito de exclusão, considerando que ele lança luz sobre processos sociais altamente perversos, que ajudam a definir o lugar que cada um de nós ocupa no tecido social. "Esses mesmos processos impactam o modo como construímos significados para nossas experiências de 'estar no mundo'" (Archangelo, 2021, p. 24). Definir-se ou "viver-se" a partir do lugar de excluído é uma dimensão que precisa ser urgentemente problematizada, especialmente quando essa posição anula a voz dos mais fracos em prol do discurso dominante dos mais fortes (Archangelo, 2021). Ademais, acompanhemos Ana Archangelo:

> *É certo que nos definimos como sujeitos na interação com outros, mediante processos de identificação e diferenciação. E, claro, podemos afirmar que nossa experiência social está, inevitavelmente, em quase tudo que diga respeito ao que damos o nome de dimensão individual. Ambos são processos constitutivos do chamado sujeito – seja ele considerado em sua dimensão social ou individual – e são, em realidade, inseparáveis. Essa rede de relações, todavia, não é necessariamente classificatória e valorativa, por mais usual que assim o seja, em especial em sociedades que se fundam na desigualdade. Nelas, ocupar um lugar no mundo é, sobretudo, ocupar um lugar em uma determinada escala de valores – o que pode ter efeitos bastante danosos para determinados indivíduos ou grupos. . . . Sociedades muito fechadas caracterizam-se por ofertar poucas possibilidades de ser, e é a restrição da oferta que as define como excludentes. Todavia, há sociedades mais abertas, mas não necessariamente includentes: estas tendem a legitimar um leque suficientemente variado de "formas de ser", as quais, contudo, estão disponíveis a apenas alguns segmentos. A exclusão se dá fundamentalmente pela desigualdade no acesso a essas possibilidades simbólicas. Em ambos os*

> *casos, a experiência de "descobrir-se no mundo" significa "estar condenado a ocupar um determinado lugar no mundo"*. Assim a exclusão se define. *(Archangelo, 2021, pp. 24-25, grifos meus)*

De modo oposto, a inclusão *não* é uma equalização, não é uma suspensão das distinções, como apagar as diferenças por decreto (Dunker, 2020). "A verdadeira inclusão é a radicalização de nossas gramáticas de reconhecimento, até o ponto em que essas incluam e praticamente construam a diferença" (Dunker, 2020, p. 94). Portanto, não devemos apenas considerar a *individualidade* do sujeito, e fazer dela um fator de ajustamento aos padrões culturais dominantes que geralmente são os mais desejados. Em contrapartida, é necessário pensar sobre a forma como esse sujeito *reivindica* a sua existência em meio a um sistema que vem anulando cada vez mais os traços de sua identidade. Neste sentido, as contribuições do pensamento "crítico sociológico"[7] ao entendimento dos fenômenos educacionais "vem permitindo aprofundar aspectos até então considerados como meras diferenças teóricas ou metodológicas da área e lançar o desafio da construção de uma psicologia do oprimido e não mais do desajustado" (Checchia & Souza, 2003, p. 112).

Ao requerermos um ensino inclusivo, é preciso esclarecer que não estamos deslocando o foco da responsabilidade do Estado para o indivíduo. É preciso que haja um plano de governo que não reduza as desigualdades a meras questões de solidariedade e tolerância. A pobreza, por exemplo, existe e deve ser combatida com ações das políticas públicas. Novamente o elo entre sujeito e massa se estreita.

---

7 Agradeço, especialmente, às contribuições realizadas durante meu exame de qualificação pela profa. dra. Ana Karina Amorim Checchia, que me apresentou essas possibilidades de leitura e interlocução. Trata-se de um modo diferente de compreender e praticar a psicanálise, direcionando-a às questões sociais, tão importantes ao nosso tempo.

Lembremos, pois, que em diversos ensaios, mas essencialmente no clássico "Psicologia das massas e análise do Eu" (1921), Freud irá nos dizer com todas as letras: "Na vida psíquica do ser individual, o Outro é via de regra considerado enquanto modelo, objeto, auxiliador e adversário, e, portanto, *a psicologia individual é também, desde o início, psicologia social*, num sentido ampliado, mas inteiramente justificado" (Freud, 1921/2011, p. 14, grifos meus). O sujeito opera ativamente na cultura, deixando heranças de seu legado, ao passo que também formaliza sua "inscrição" psíquica, passivamente, por meio dela. Não há como admitir uma leitura simplista desse quesito. Logo, o ditado popular "uma andorinha só não faz verão" nunca fez tanto sentido. Para tanto, comecemos pelas ações *menores*, como a apresentação de uma psicanálise coerente com a realidade educacional brasileira.

1.2 A psicanálise no contexto educacional brasileiro

Venha, meu coração está com pressa
Quando a esperança está dispersa
Só a verdade me liberta
Chega de maldade e ilusão
Venha, o amor tem sempre a porta aberta
E vem chegando a primavera
Nosso futuro recomeça
Venha, que o que vem é perfeição

Renato Russo, "Perfeição", 1993

Se o papel da psicanálise é tão fundamental à educação, de que forma poderíamos apresentá-la aos professores que não tiveram contato com ela?

Antes de responder a essa questão, penso ser mais coeso iniciar este texto com outra pergunta: como se encontra o nosso atual cenário educacional?

É claro que, tomando como parâmetro os recentes dados estatísticos[8] – acentuados com a incidência da pandemia de covid-19 –, seria possível escrever, no mínimo, umas dez laudas (sendo modesto) sobre os entornos dessa questão, mas isso evidentemente escaparia dos propósitos da minha pesquisa. Entretanto, de modo condensado e resumido, sugiro algumas alternativas de respostas: professores fadigados pela ausência de reconhecimento do Estado, da população e da comunidade escolar; contextos de violência que atingem docentes e discentes; falta de assistência emocional e psicológica aos profissionais da educação, familiares e alunos; carência de estrutura física e recursos materiais; quantidade excessiva de trabalhos a serem realizados; salas de aula superlotadas etc.

Frente a esse retrato de total descaso, existiria alguma lacuna para conceber uma prática guiada pelas vertentes da "psicanálise do cuidado"?

Durante a elaboração desta pesquisa, examinei um bom número de trabalhos que relacionassem nossa disciplina com outras esferas do campo social e cultural. Dentre muitos artigos, capítulos e livros aos quais tive acesso, um texto em especial despertou minha atenção: trata-se de um ensaio produzido por uma professora da USP, titular do Programa de Pós-Graduação em Psicologia Social, que aborda a intervenção psicanalítica com uma população em estado de vulnerabilidade em decorrência do *desemprego*. Acompanhemos, então, o sensível relato de Belinda Mandelbaum:

---

8 Ao leitor interessado, recomendo a leitura das seguintes matérias jornalísticas: "Entenda como a síndrome de *burnout* afeta os professores" (*Vivescer*, 27 set. 2021; recuperada em maio de 2022 de https://vivescer.org.br/burnout-entre-professores/); e "Ser professor na pandemia: impactos na saúde mental" (*Revista Arco*, 17 set. 2021; recuperada em junho de 2022 de https://www.ufsm.br/midias/arco/saude-mental-professores-pandemia/).

> *Num primeiro momento, acreditei que estar diante das famílias com minhas intenções de investigação e munida de minha experiência na clínica psicanalítica, bem como de um punhado de leituras sobre o fenômeno do desemprego, seria suficiente para acolher e propor algo de valia para cada uma delas. A realidade mostrou-me que não era bem assim. Em primeiro lugar, elas não queriam muito refletir em busca de um trabalho, serem lançadas para uma situação de maior inserção social, na qual pudessem ter o que refletir. Diversas das famílias que tive a oportunidade de ver na primeira etapa de meu trabalho iniciavam o encontro me perguntando se eu teria algum emprego para oferecer. Logo de cara, eu os frustrava. Não, infelizmente, eu não tinha nenhum trabalho para lhes oferecer. Pelo menos, não aquele que elas tanto ansiavam. Eu queria era trabalhar com elas* sobre elas. *Mas essa minha expectativa marcava, antes de tudo*, a enorme distância entre o que elas queriam e precisavam e o que eu podia oferecer. *(Mandelbaum, 2019, p. 42, grifos meus)*

A autora continua:

> *Imediatamente, então, eu passava a fazer parte, para eles, de um mundo abstrato e complexo que os deixava entregues a si sós. Eu disse a algumas das famílias: "A gente não tem condições de arrumar emprego,* mas a gente vê que tem muitas famílias que estão sofrendo muito em função do desemprego. *Então, é isso que a gente quer estar acompanhando, as pessoas que estão*

> *desempregadas, a situação familiar, e ver se,* conversando, pensando junto, *a gente pode ajudar de alguma forma".* *(Mandelbaum, 2019, p. 42, grifos meus)*

As dificuldades enfrentadas pela pesquisadora diante de um público atingido pelo mal-estar do desemprego se assemelham, em certo grau, ao mesmo sentimento de angústia com que me deparei ao longo da produção deste trabalho – desde a escolha de seu interesse, passando pela definição do problema de pesquisa, até alcançar sua redação final. Parafraseando Mandelbaum, em um primeiro momento, acreditei que estar diante do público, com minhas intenções de pesquisa e munido de minha experiência na clínica psicanalítica e na escola, bem como de um arsenal teórico sobre "psicanálise, cuidado e educação", seria suficiente para acolher e propor algo de valia, mas não foi desse jeito. Ou seja: nas próximas páginas, você *não* encontrará receitas de fórmulas mágicas. Também não entrego um guia de autoajuda capaz de eliminar as incertezas. Nem mesmo disponibilizo um tratado de "revolução", com o intuito de alterar o funcionamento das políticas públicas. O que tenho para oferecer, no entanto, é o relato de vivências e, principalmente, a confissão das minhas *dificuldades.*

Todavia, quando trabalhamos com a psicanálise no âmbito da clínica "intramuros", é essencial reconhecermos que, caso ocupemos o tão confortável espaço de idealização, todos os dias teremos de escapar dele para, no lugar de meros analistas e não de deuses do Olimpo, lembrar que seguiremos na busca do desconhecido. Se estamos lidando com pacientes gravemente fragilizados, esse movimento de "saída" é ainda mais fundamental – dada a grande probabilidade de eles se "fusionarem" a nós. É com essa dinâmica que somos intimados ao processo de *humanização.* Desfazer tais expectativas previamente se torna crucial para situar os leitores e leitoras quanto ao que está por vir. Assim como no consultório, não temos respostas prontas para questões como aonde ir, como chegar e o que escolher; em vez disso, compartilhamos a pergunta e a busca que advém dela e por ela. Nesta pesquisa irei me valei da *mesma* dialética.

Sou incapaz de acreditar na ficção de que todos os professores possam receber uma espécie de assistência psicanalítica (ou psicológica) algum dia. Muito menos espero alterações significativas no currículo dos cursos de pedagogia – tendo em vista o desmonte que estamos enfrentando no ensino universitário nos últimos anos. Prefiro, então, me manter com "os pés no chão". Neste sentido, tomando como referência o artigo de Belinda, procuro fazer com que meu público, professores ou não, se sinta pelo menos *amparado*, a partir das repercussões do encontro com um conteúdo *vivo* e *caloroso*, disponível no laço entre as narrativas e o referencial teórico que escolhi abordar.

Considerando a complexidade dos fatores levantados acima e com o objetivo de introduzir os leitores ao "modelo" de escrita que foi seguido para estruturar este trabalho, gostaria de compartilhar um primeiro relato, costurando os pontos que apresentei até este momento.

Assim que finalizei a graduação em pedagogia, empolgado por meu contato inicial com a teoria psicanalítica que me foi apresentada naquele mesmo período (ainda que de modo efêmero), decidi trabalhar com o livro Freud e a educação: o mestre do impossível, *de Maria Cristina Kupfer (2007), nas reuniões pedagógicas do colégio em que eu atuava como orientador educacional. O resultado foi surpreendente: em vez de nos centrarmos, com exclusividade, em assuntos burocráticos e formais – como a elaboração dos planejamentos, a previsão de metas a serem atingidas ou o preenchimento de relatórios de rendimento – começamos a discutir, "na mesma proporção",*[9] *a*

9 Escrevo isso porque em nenhum momento deixamos de lado os afazeres pedagógicos condizentes com a prática educacional, e também não é essa a ideia que introduzo aqui.

importância dos aspectos emocionais e subjetivos para o processo de ensino-aprendizagem, focando na relação "professor-aluno-família". Com efeito, os professores se alternavam para levar fragmentos de situações vivenciadas em suas salas de aula. Por meio desses diálogos, íamos costurando possibilidades de atuação à luz do material de Kupfer. Juntos, pensávamos em opções de manejo, além de compartilhar as mesmas angústias e aflições que sentíamos perante algumas circunstâncias particulares. Logo, o que começou como uma espécie de "encontro de estudos", ou a "reunião pedagógica" propriamente dita, passou a servir como um espaço de "análise" em grupo, pois, conforme revelava suas inseguranças, a equipe docente se sentia acolhida por seus pares e pela própria direção escolar.

Destaco novamente que, nessa ocasião, eu tinha *acabado* de concluir o curso de pedagogia e, portanto, não havia começado meu processo de formação em psicanálise. Essa informação básica atesta a hipótese de que para fazer um trabalho dessa modalidade *não* é "obrigatório" contar com a presença de um psicanalista na escola, embora eu reconheça que esse fator poderia enriquecer largamente o nosso projeto. Contudo, tal recurso *não* condiz com o cenário que encontramos hoje em nossa sociedade.

Posto isso, decidi descrever a narrativa acima por duas razões: 1) é necessário ter em mente que devemos trabalhar a partir da nossa situação real; se reconhecemos que as condições de vida e de trabalho dos nossos professores não permitem que eles tenham acesso a uma análise pessoal e tampouco a uma "formação psicanalítica", precisamos levar nossa disciplina para dentro dos muros da escola; 2) dessa forma, é imprescindível que possamos contar com um material de apoio *claro* e didático, que *não* se restrinja ao *psicanalês* pedante e cerimonial.[10] A escolha do livro de Kupfer (2007)

---

10 O próprio Winnicott, por exemplo, em seu livro *Bebês e suas mães*, relançado recentemente pela Editora Ubu (2020), reúne uma série de palestras e conferências dirigidas a um público não psicanalítico (mães, babás, enfermeiras, educadores

atende perfeitamente a esse critério, pois a autora se respalda numa linguagem simples e informal, apesar de rigorosa.

Além disso, ao expandir a psicanálise para novos horizontes, precisamos adaptar a sua prática ao público ao qual iremos nos dirigir. Belinda, por exemplo, nos diz que não tinha um emprego para oferecer àquelas pessoas, mas tinha disposição para escutar as suas dores e ajudá-las a *ressignificar* o seu sofrimento. Acompanhemos:

> *Apesar de frustrá-las, eu sentia que a minha tentativa de dirigir-me ao sofrimento que viviam fazia sentido para elas. Aprendi, então, que o desemprego significava, para cada uma dessas famílias a explicação de uma ferida real. Numa realidade tão carente, cheia de fraturas na história cultural, na biografia pessoal e na sociabilidade com o entorno – mesmo quando em atividade de trabalho –, a interrupção do precário salário mensal resultava numa urgência de fazer frente à situação que acabava por capturar a vida de cada um dos implicados por inteiro numa situação existencial na qual tudo era concreto. . . . O real parecia ser uma prisão, e os sujeitos demitidos não o eram apenas de seu trabalho, mas também de si próprios, de sua condição humana, de seu ir e vir e de seu exercício reflexivo.* (Mandelbaum, 2019, p. 43)

Notamos, assim, o esforço hercúleo da pesquisadora na tentativa de amenizar o sofrimento daquelas pessoas. Belinda revela uma disposição para "sentir com", sem "ser como". É a demonstração da mais pura e nobre capacidade de *empatia*. Ela produz a pesquisa e,

---

e fisioterapeutas). Nesse sentido, o autor defende o uso de uma linguagem clara e nem por isso perde a profundidade de suas ideais e fundamentações.

em paralelo, se coloca *dentro*[11] dela. Outro fator digno de mérito é a dedicação da autora no processo de narrar os seus *resultados* e, ao mesmo tempo, *narrar-se*. A sua devoção nos convida a pensar e nos *mobiliza*.

Assim, antes de responsabilizar a escola, os alunos ou a família pelo fracasso da aprendizagem, precisamos avaliar a posição que ocupamos com a produção de uma pesquisa acadêmica. Não podemos cobrar mudanças se seguirmos entrincheirados por detrás do pedantismo da academia. É preciso implicar-nos – como alertei na Introdução. Nesse sentido, o que pode um psicanalista frente aos desafios impostos pela escola?

Retomo o afirmado. A minha proposta, em definitivo, não é a de sugerir um manual de procedimentos. Verdade seja dita, acho péssimo encontrar coisas desse tipo em livros de educação, pois é como se tivéssemos parado no tempo, incapazes de perceber o humano como um *ser* de estrutura dinâmica, subjetiva, atravessado por uma infinidade de afetos e emoções. Além disso, a incessante demanda por manuais descortina a nossa imaturidade para lidar com o "não saber".

Admiro uma citação do psicanalista argentino Norberto Marucco (1998) que diz o seguinte: "não temos a chave; temos *a eterna busca* da chave" (p. 112, grifos meus). Se não nos mantemos atentos, somos invadidos, sem perceber, pela onipotência infantil de tudo responder (ou buscar respostas prontas). Precisamos nos abster desse lugar de profetas; devemos dar aos nossos leitores a *liberdade* de eleger

---

11 Lembrei de uma pesquisa de doutorado realizada por uma grande amiga. e antropóloga da USP, que viveu numa tribo indígena por dois anos, em meio à imensidão inóspita da Amazônia, para observar e participar ativamente do conteúdo que ela estava investigando. Considero que um psicanalista que se propõe a escrever sobre educação deveria ter o mesmo comprometimento com seu objeto de estudo.

e refletir. Todavia, a presença de um texto vibrante e cristalino é crucial para esse objetivo. Escrever com empatia para pessoas que desconhecem a realidade psicanalítica é um feito de *dignidade*, de humanização. Somos todos povoados por histórias desde o dia em que nascemos. Histórias que foram, histórias que são e histórias que serão. As histórias colorem as nossas vidas e dão contornos ao nosso fazer.

Apropriar-se de si, via narrativa própria, *não* é uma tarefa simples. Às vezes, precisamos de exemplos reais para atribuir significados a uma rotina que persiste em se manter no *automático*. Os relatos, costurados à teoria bem explicada, podem se transformar em injeções de ânimo (Eros), que impulsionam o nosso *sentir*. Quando o cotidiano deixa de causar fascínio e dissolve-se no vazio da obrigação, perdemos a delicadeza do encanto.

Eis aqui uma das diversas eficácias da "ética do cuidado"; conceito que exploro no item a seguir.

1.3 A ética do cuidado na psicanálise e (por que não?) na educação

> *Deus nos dá pessoas e coisas, para aprendermos*
> *a alegria... Depois, retoma coisas e pessoas*
> *para ver se já somos capazes da alegria*
> *sozinhos... Essa... a alegria que Ele quer.*
>
> Rosa, 2019, n.p.

Neste ponto do trabalho, explico aos leitores o que seria a chamada "ética do cuidado". Para tanto, me respaldo efetivamente no referencial de cunho psicanalítico. Conforme descrevo tais definições, enlaço esse conceito com alguns aspectos que bordejam a educação.

A princípio, considero importante alertar ao público desavisado que a psicanálise é um grande emaranhado de teorias e clínicas. Logo, os psicanalistas *não* falam a mesma língua. Vocês já devem ter ouvido falar nos analistas "ianos": profissionais que se autodenominam ou são denominados pelos outros como kleinianos, lacanianos, winnicottianos, freudianos etc. Esse termo, refere-se a indivíduos que enveredam pelo estudo de um determinado autor ou autora, pois se identificam com suas respectivas técnicas na *prática* clínica. Embora existam psicanalistas "ianos" que possuem uma formação sólida, partindo de Freud (como é de se esperar) e abertos ao debate, há aqueles que tratam o seu pensador ou pensadora como objeto de adoração, recusando-se a ler qualquer tipo de material que não corresponda à sua corrente teórica. Acompanhemos Decio Gurfinkel:

> *Hoje, encontramo-nos em uma "era pós-escolas". Os psicanalistas se organizam e se posicionam de maneira muito mais múltipla e diversificada e, apesar de muitos se identificarem com maior ou menor intensidade com os autores "cabeça de chapa" da era pós-freudiana, tal movimento de filiação é muito menos marcado ou "obrigatório". A liberdade de circulação entre as diversas linhagens de pensamento é muito mais patente e, para muitos, também valorizada. É claro que falamos aqui de uma tendência, e não de um movimento homogêneo. (Gurfinkel, 2017, pp. 111-112)*

Em síntese: não há problema algum em alguém se afeiçoar por uma linhagem psicanalítica, se autoproclamando, pelas tantas, como um legítimo "iano". O que eu vejo como uma conduta arriscada é o fato de um indivíduo que se diz "pesquisador" recusar-se a ler outros autores que não sejam "a sua praia" ou simplesmente alegar, com ar de triunfo e despeito, que "determinada teoria *não* é psicanálise". Mezan (2014) propõe discriminarmos no período atual da história da psicanálise duas grandes vertentes: os ortodoxos e os que transitam por diversas linhas de pensamento. Os primeiros são aqueles que prolongam ainda hoje a postura da "era das escolas",[12] enquanto os outros, ao se permitirem circular pelas teorias, buscaram construir, a partir daí, seu próprio pensamento, sem o intuito de inaugurar uma nova escola. "A valorização de uma trajetória singular e própria passa a ser, cada vez mais, uma característica do espírito de nossa época" (Gurfinkel, 2017, p. 112).

Essa prerrogativa não implica natureza de um certo hibridismo ou de uma prática "eclética" sem fundamento, formada por pedaços e enxertos de teorias completamente díspares umas das outras. Esclareço por meio de um exemplo: se eu compreendo o ataque de fúria do meu paciente como uma manifestação de inveja inata (Klein, 1957/1996), como eu poderia trabalhar com o conceito winnicottiano de regressão terapêutica (Winnicott, 1954/2021) durante a mesma sessão? Lembremos, pois, que Winnicott[13] não considera o conceito freudiano (Freud, 1920/2010) de "instinto de morte" [*Todestrieb*] e, menos ainda, a visão de inveja inata de Melanie Klein, o que torna essa "mistura" um tanto quanto incoerente no terreno da clínica. Isso não quer dizer, em absoluto, que uma pesquisa acadêmica não possa ser elaborada à guisa de comparação e estudo dessas duas linhagens – um feito que, por sinal, tem se revelado muito frutífero em nosso campo (ver Almeida & Naffah Neto, 2022).

Assim, a psicanálise não se fundamenta *única* e *exclusivamente* na "ética da lei", baseada no complexo de castração de Freud. Muito menos se limita à "ética do desejo", como pregam os devotos de Lacan. Podemos dizer que ela possui uma *terceira* tendência, a "ética do

12 Ver Mezan (2014).

13 Abordo esse assunto exaustivamente no Capítulo 5.

cuidado", estruturada pelas contribuições de Ferenczi e Winnicott. Não penso que exista 'a" melhor das três. Nem mesmo defendo a ideia de que uma possa se sobrepor à outra. Contudo, temos de admitir que todas elas interferem na compreensão dos sintomas e nas formas de praticar a clínica.

Mas o que podemos entender por "ética do cuidado' na psicanálise?

> *Cuidado, ao atravessar um rio, viu uma massa de argila, e, mergulhado em seus pensamentos, apanhou-a e começou a modelar uma figura. Enquanto deliberava sobre o que fizera, Júpiter apareceu. Cuidado pediu que ele desse uma alma à figura que modelara e facilmente conseguiu. Como Cuidado quisesse dar o seu próprio nome à figura que modelara, Júpiter o proibiu e ordenou que lhe fosse dado o seu. Enquanto Cuidado e Júpiter discutiam, apareceu Terra, a qual igualmente quis que o seu nome fosse dado a quem ela dera o corpo. Escolheram Saturno como juiz e este equitativamente assim julgou a questão: "Tu, Júpiter, porque lhe deste a alma, Tu a receberás depois de sua morte. Tu, Terra, porque lhe deste o corpo, Tu o receberás quando ela morrer. Todavia, porque foi Cuidado quem primeiramente a modelou, que ele a conserve enquanto ela viver. E, agora, uma vez que, entre vós, existe uma controvérsia sobre o seu nome, que ela se chame Homem, porque foi feita do* humus *[da terra]". (Rocha, 2011, p. 75, tradução do autor)*

No conto, a importância do cuidado é evidenciada como aquilo que é *responsável* por moldar a existência humana, sendo mais essencial do que a alma e o corpo. Na posição de personagem, Cuidado é um "ser" criativo, capaz de transformar a argila em uma figura original, recebendo a missão de "conservar" o Homem no decorrer de sua vida. Portanto, Cuidado não apenas cria o Homem como o *acompanha* até o seu fim.

Partindo de uma perspectiva histórica, podemos dizer que a ética do cuidado se estabelece na psicanálise, com as noções de "empatia" e "hospitalidade", propostas por Sándor Ferenczi (1873-1933). O autor húngaro convida os analistas a assumirem uma *implicação* técnica, como jamais acontecera no registro das teorizações de nossa disciplina. Além disso, apesar de não ter atuado diretamente com crianças, ele destacou o papel da infância em diversos momentos de sua obra – desde os primórdios até os seus textos finais.

No brilhante ensaio "A adaptação da família à criança", de 1928, Ferenczi discute temas importantes ligados ao desenvolvimento infantil e aborda uma série de assuntos que, futuramente, ocupariam posições *centrais* em diferentes teorias psicanalíticas. A publicação desse artigo causa um certo "incômodo" em nossa comunidade científica, pois o autor irá afirmar que é obrigação *da família* se adaptar às necessidades primárias da criança, e não o contrário, conforme se pregava na época (e ainda hoje).

Ao enunciar os elementos necessários para uma prática favorável de cuidados à criança, Ferenczi ressalta o quanto é essencial que os adultos possam desenvolver algum grau de *autoconhecimento* e *empatia*. No entanto, ele aponta como obstáculo a penosa dificuldade dos pais para se lembrarem de sua própria infância. Cito-o:

> *num quarto onde existe uma única vela, a mão colocada perto da fonte luminosa pode obscurecer a metade do quarto.* O mesmo ocorre com a criança se, no começo de sua vida, lhe for infligido um dano, ainda que

> mínimo: isso pode projetar uma sombra sobre toda a sua vida. *É muito importante entender a que ponto as crianças são sensíveis; mas os pais não o creem; não podem imaginar a extrema sensibilidade de seus filhos. (Ferenczi, 1928/2011a, pp. 5-6, grifos meus)*

Essa mesma hipótese pode ser difundida no terreno da clínica: o analista deve se adaptar às *necessidades* do paciente, que variam de acordo com o seu estado de sofrimento. Ao trabalhar com indivíduos profundamente fragilizados, devido a suas vivências traumáticas, Ferenczi percebeu que era preciso *reconstituir* as experiências infantis como um meio de acesso às origens do episódio desorganizador. Tendo como condição um ambiente favorável, o paciente poderia "retornar" à cena do trauma e "revivê-la" junto à presença segura do terapeuta.

Na intenção de firmar os princípios de uma prática sensível, Ferenczi questionou, firmemente, alguns modelos que dominavam na clínica do seu tempo. No texto "Elasticidade da técnica psicanalítica" (1928/2011c), ele utiliza a famosa metáfora do "joão-teimoso" [*Watschermann*] para se referir à função analítica. Trata-se de um divertido boneco feito de borracha ou de plástico inflável, que costumava[14] fazer sucesso com o público infantil. O objeto tem esse nome peculiar porque, sempre que é empurrado, logo em seguida volta a ficar em pé, "resistindo" às agressões. De acordo com a explicação do autor:

> *Todo o indício de despeito, ou de sentimento de afronta por parte do médico, prolonga a duração do período de*

14 Uso o verbo no passado, pois sabemos que, nos dias atuais, a maioria das crianças prefere os equipamentos eletrônicos

> *resistência; mas se o médico não se defende, o paciente cansa-se pouco a pouco do combate unilateral; quando já provocou o bastante, não pode impedir-se de reconhecer, ainda que com reticências, os sentimentos amistosos escondidos por trás da defesa ruidosa. (Ferenczi, 1928/2011c, p. 35)*

O fragmento selecionado nos permite refletir sobre a capacidade de o analista poder ou não *tolerar* uma sequência de "testes" realizados pelos pacientes, ao longo de um percurso de análise – aspecto ainda mais comum no tratamento dos "casos difíceis". É também no mesmo artigo de 1928 que Ferenczi escreve: "O tato é a faculdade de 'sentir com' [*Einfühlung*]" (1928/2011c, p. 31). Ou seja, a *empatia* em sua forma mais pura. Para ele, a clínica depende inteiramente dessa competência que, *grosso modo*, consiste em:

> *saber quando e como se comunica alguma coisa ao analisando, quando se pode declarar que o material é suficiente para extrair dele certas conclusões; em que forma a comunicação deve ser a cada caso apresentada; quando se deve calar e aguardar outras associações; e em que momento o silêncio é uma tortura inútil para o paciente etc. (Ferenczi, 1928/2011c, p. 31)*

Além disso, Kupermann (2019b) lembra que o termo alemão *Einfühlung*, habitualmente traduzido como empatia, significa, literalmente, *sentir dentro*, e não "sentir com" (p. 109). Para Chaim Katz (citado por Kupermann, 2019b, p. 109), no caso da experiência psicanalítica, trata-se da capacidade do psicanalista de sentir o analisando em si, o que implica a disponibilidade para *tornar-se outro*. Entretanto, apenas a *empatia* não é suficiente para amparar o sólido edifício da ética do cuidado. Ferenczi aponta mais *duas* condições indispensáveis: a *hospitalidade* e a *saúde* do analista (Kupermann, 2019b).

A primeira pode ser identificada no texto "A adaptação da família à criança" (1928/2011a). Porém sua ideia aparece de forma mais consistente no ensaio "A criança mal acolhida e sua pulsão de morte" (1929/2011b). Nesse artigo, o autor detalha as consequências traumáticas provocadas por um ambiente hostil, que fracassa ao acolher as necessidades primárias do sujeito. Esses bebês costumam se tornar pessoas pessimistas, desconfiadas, deprimidas e desvitalizadas, pois "quando vieram ao mundo, . . . foram *hóspedes não bem-vindos na família*" (Ferenczi, 1929/2011b, p. 57). Para "prevenir" tais sofrimentos, Ferenczi nos avisa que, ao nascer, a criança deve ser recebida por um "prodigioso dispêndio de amor, de ternura e de cuidados . . ., pois, caso contrário, as pulsões de destruição logo entram em ação" (Ferenczi, 1929/2011b, p. 58).

No contexto clínico, é preciso permitir que esses indivíduos possam agir como "crianças", pois mediante esse "deixar fazer" "permite-se a tais pacientes desfrutar pela primeira vez a irresponsabilidade da infância, o que equivale a introduzir impulsos *positivos* de vida e razões para se continuar existindo" (Ferenczi, 1929/2011b, p. 59, grifos do autor), o que poderia corresponder a demonstrações de *ternura* também no encontro transferencial.

Outro pesquisador influenciado pelas ideias ferenczianas no que diz respeito à hospitalidade e aos cuidados iniciais foi René Arpad Spitz (1887-1974). "Nascido em Viena, Spitz formou-se em medicina em Budapeste, tendo Ferenczi como um de seus professores. Em 1911, por sugestão de Ferenczi, iniciou uma análise com Freud" (Coelho Junior, 2018, p. 136). Fiel às postulações freudianas, Spitz desenvolve, porém, um caminho próprio de investigação, aliando seu sólido conhecimento teórico-clínico a modelos de observação direta, fotografias e estudos experimentais do comportamento de crianças em seu primeiro ano de vida. Durante suas observações e estudos das condições de desenvolvimento infantil em berçários e creches, o autor pôde registrar as consequências patológicas resultantes da ausência da mãe e do desamparo vivido pelas crianças. Os adoecimentos provocados pela carência de cuidados maternos acabam por ter formas distintas, variando de acordo com o momento de vida em que se deu a separação entre o bebê e a mãe e sua duração.[15]

Amarrando os fios tecidos pelas ideias de Ferenczi e Spitz, ampliamos a dimensão do papel exercido pelas escolas que recebem crianças *muito* pequenas. É imprescindível que a equipe pedagógica que atua nesses locais tenha acesso ao mínimo dessas informações, pois, como vimos, a obtenção desse conhecimento é uma questão de saúde pública. Acompanhemos o relato a seguir:

Minha mãe foi dona de um berçário particular, na periferia de São Paulo, por mais de vinte anos. Nesse período pude observar muitas coisas – levando em consideração que "cresci" nesse universo. Era bastante comum recebermos bebês de 3 a 5 meses, pois devido às necessidades daquele contexto, as mães precisavam voltar de sua licença maternidade o quanto antes, tendo de deixar os seus filhos, em período integral, em nossa instituição. Às vezes, surgiam crianças que choravam muito, praticamente o dia todo, mesmo com a atenção devotada das professoras. Algumas, inclusive, ficavam

15 "Spitz considera que se a separação é posterior à etapa 'precursor do objeto', portanto, depois dos oito meses de vida, mais ou menos, produz-se o quadro que ele denominou de depressão anaclítica. Se a separação se produz na primeira etapa, a da 'não-diferenciação', ou no período de transição da primeira para a segunda etapa, o que se produz é a síndrome do hospitalismo. Também esse será o caso se a separação ocorrer após os oito meses, mas durar um período superior a três meses" (Coelho Junior, 2018, p. 141).

perdidas sem saber o que fazer com esses bebês. De repente chegava a minha mãe, com toda a paciência do mundo e colocava essas crianças no seu colo, olhando em seus olhos, sussurrando algumas palavras doces em seus ouvidos e, como numa espécie de encantamento, ela começava a cantar, balançando aqueles bebês "mais difíceis" no aconchego de seus braços. Ambos, fusionados, criavam um ritmo próprio, que era capaz de oferecer paz e tranquilidade aos pequenos. Minha mãe não é psicanalista. É apenas uma mãe, mas isso também não quer dizer muita coisa, até porque existem muitas mães por aí que não tem a mínima noção do que fazer com um neném. Ela, no entanto, tinha. Sentia, com aquelas crianças, as angústias e as dores de um "abandono" precoce. De um "abandono" involuntário, que ocorria pela necessidade de recursos financeiros daquelas famílias tão vulneráveis em um contexto completamente esquecido pelas políticas públicas.

A narrativa dessa lembrança elucida, perfeitamente, o que estamos discutindo a partir da nossa perspectiva teórica. Abraçando as ideias de Ferenczi, Spitz descreve, em seus estudos, diferentes impactos da privação afetiva para o bebê. Há consequências para o desenvolvimento das habilidades cognitivas, para o crescimento fisiológico e para as dimensões afetivas que definem modalidades de comportamento alterado. Crianças que estão em uma condição de sofrimento mais avançado "apresentam comportamentos típicos, como chorar intensamente quando alguém se movimenta em direção a elas, em contraste com o comportamento anterior ao abandono da mãe, bem mais sociável. O choro, nesses casos, transforma-se depois em retraimento" (Coelho Junior, 2018, p. 141). Mas, em geral, as crianças podem se recuperar rapidamente se são novamente colocadas em condições de cuidado e afabilidade. Em contrapartida, nos casos em que há uma privação afetiva total, as ressonâncias podem ser muito mais graves. Nas palavras do autor:

> *Caso as crianças, no primeiro ano de vida, sejam privadas de todas as relações objetais, por um período que dure mais de cinco meses, elas apresentarão sintomas de* progressiva deterioração, *que parecem ser, pelo menos em parte,* irreversíveis. *A natureza da relação entre mãe e filho (caso haja alguma) existente antes da privação parece ter pouca influência no curso da doença. (Spitz, 1965/1991, p. 207, grifos meus)*

Por meio de suas observações e pesquisas, Spitz corrobora, assim, as descobertas de Ferenczi – que não teve tempo para estendê-las, devido a sua morte precoce. Com isso, percebemos a importância da *hospitalidade*, ou seja, da capacidade de o ambiente receber e acolher a criança que vem ao mundo completamente desprotegida, para a construção de uma ética do cuidado.

Falemos, agora, da *saúde do analista*. Pois bem, é preciso admitir que trabalhar com a concepção de "técnica elástica", adaptando-se às necessidades de certos pacientes e reconhecendo a ausência dos cuidados primários, é uma competência que, sem dúvida, exige *maturidade* – alcançada por meio de uma boa quantidade de horas de análise pessoal. No trabalho sobre a "elasticidade da técnica", Ferenczi afirma "que é fácil reconhecer os analistas não analisados (selvagens) . . ., pois sofrem de uma espécie de 'compulsão para analisar'" (Ferenczi, 1928/2011a, p. 40). Em nossa comunidade psicanalítica, observamos indivíduos extremamente narcisistas que, praticamente, encarnam um *personagem* para vomitar erudição, urrando e batendo no peito que ao dizer que *apenas eles* são os detentores da "verdadeira psicanálise". Nada mais concreto (e caricato) para demonstrar que "algo de errado não está certo com esse sujeito", revelando a total ausência de análise pessoal ou, quando muito, a presença de um processo analítico bastante malfeito.

Diversos analistas "ortodoxos" criticam o legado ferencziano, dizendo que a prática da empatia nada mais é que um simples excesso de benevolência. Ferenczi, porém, não "fica por baixo" e se dispõe a rasgar um pouco mais as nossas feridas narcísicas: "Ser parcimonioso nas interpretações, em geral, nada dizer de supérfluo, é uma das regras mais importantes da análise; o fanatismo da interpretação faz parte *das doenças de infância do analista*" (Ferenczi, 1928/2011a, p. 38, grifos meus). Em seu artigo "O problema do fim da análise" (1927), o autor nos adverte mais uma vez: "o analista, de quem *depende o destino* de tantos seres, deve conhecer e controlar até as fraquezas mais escondidas de sua própria personalidade, o que é *impossível* sem uma análise inteiramente terminada" (Ferenczi, 1927/2011d, p. 24, grifos meus).

Daniel Kupermann (2019b) sintetiza, com maestria, as três condições apontadas por Ferenczi (indiretamente) para a existência de uma ética do cuidado. Para Kupermann (2019b), a *hospitalidade* é necessária àquele que "não consegue enunciar em palavras as experiências determinantes do seu sofrimento" (p. 100); a *empatia* permite ao analista "escutar, sentir e testemunhar a dor emudecida do analisando" (p. 100); e, por fim, a *saúde* "é imprescindível para oferecer a nossa presença sensível diante do horror imposto pela repetição traumática" (p. 100).

De modo análogo, penso que essas mesmas três condições também podem ser "aplicadas" à educação. Explico: 1) a *hospitalidade* é extremamente necessária para que os professores possam lidar com as crianças em sala de aula, não somente no período de adaptação escolar, mas para consentir e acolher as diferenças entre os alunos, que indicam o peso da singularidade e, respectivamente, estruturam a potência do coletivo. Também é preciso hospitalidade para abraçar as dúvidas dos estudantes e aceitar o próprio estado de "não saber"; 2) a *empatia* torna-se crucial para intuir que cada criança possui o seu tempo e a sua forma de aprender. Além disso, a empatia se mostra indispensável, quando nos permitimos sentir as dores da exclusão, testemunhando as angústias causadas por ela. Sobretudo, é necessário ser empático para entender que os alunos são atravessados pelo contexto histórico-social em que estão inseridos; 3) a *saúde* do professor evidencia a importância do Estado e das políticas públicas na relação direta com a educação. Isto é, os educadores só terão acesso às mínimas condições de bem-estar e equilíbrio psíquico caso existam sólidos investimentos do governo nesse setor.

A disponibilidade de afetos – apoiada pela hospitalidade, pela empatia e pela saúde – introduz a dimensão do cuidado no registro de uma ética psicanalítica. Além disso, o pensamento ferencziano inaugura um espaço de abertura para refletirmos acerca de uma questão trivial em nossa disciplina: a sua dimensão *intersubjetiva*. Acompanhemos Coelho Junior:

> *Não há como recusar que o seu trabalho [de Ferenczi] amplia o horizonte ético implicado no trabalho analítico. Postular que sentimentos e ideias de analista e paciente podem entrelaçar-se e que o* outro *à minha frente não é "uma representação do meu ego", mas um ser real com quem posso me identificar, explicita um reconhecimento do* outro *em termos éticos, em uma amplitude até então pouco valorizada nos textos psicanalíticos. (Coelho Junior, 2004, p. 83, grifos do autor)*

A noção de *intersubjetividade* não apenas se consolidou como ganhou novos contornos a partir das teses do pediatra e psicanalista inglês Donald W. Winnicott (1896-1971). Em termos gerais, no que se refere à tarefa analítica, Winnicott assinala que é o contexto de *confiabilidade* da análise e o manejo das condições ambientais o que deve ser primordialmente levado em conta. Guiando-se por sua teoria do amadurecimento, o autor destaca que, quanto mais regredido estiver um paciente, mais ele precisará de *cuidados* e não de interpretações – desta forma, o analisando poderá regredir e retomar a sua linha do desenvolvimento em *primeira pessoa*. Em contrapartida, se todas essas condições são oferecidas sem que se considere a capacidade maturacional do paciente, elas podem ser recebidas como *invasões* (*intrusões*) que reproduzem o ambiente intrusivo original. Acompanhemos Coelho Junior:

> *Com clareza, Winnicott observa que o trabalho do analista em casos de traumatismo precoce é restaurar a temporalidade da experiência do trauma ou do colapso, para que o analisando possa reconhecer que o colapso não deve ser temido no futuro, uma vez que já ocorreu no passado. Só há transformação da experiência original de agonia primitiva se, por meio do trabalho de análise, o analisando puder deixar a agonia entrar em sua própria experiência do tempo presente. Para isso, o ambiente analítico deve permitir processos de regressão sustentados, o analista deve manter uma postura receptiva de acolhimento e ternura, e se mostrar capaz de refrear a necessidade de interpretar. (Coelho Junior, 2018, p. 176)*

Temos de lembrar, porém, que, para Winnicott, a tarefa dos pais e dos educadores não é *criar* um ser humano, mas proporcionar as condições para que ele possa surgir e se desenvolver, e o mesmo princípio vale para a prática psicanalítica. Devemos estar atentos às nossas próprias expectativas. A tarefa básica do cuidado de bebês e crianças pode ser, num primeiro momento, monótona e não criativa, já que se trata de um ato de *doação*: conceder ao outro a ilusão de um campo de onipotência – um espaço potencial – para que a espontaneidade do *self* possa emergir, se estender e ser exercitada. Na visão desse autor, todos nascemos com uma tendência à integração (psicossomática), mas ela só irá acontecer mediante as condições apropriadas de cuidado ambiental. Essas condições devem respeitar o gesto espontâneo – a criatividade primária – do bebê. Para Winnicott nada deve ser imposto de fora para dentro. O desenvolvimento ocorre de dentro para fora, em *primeira pessoa*. Em uma carta dirigida a Melanie Klein, em 17 de novembro de 1952, o psicanalista inglês salienta sua insatisfação com as compreensões acerca do amadurecimento infantil que imperavam na Sociedade Britânica de Psicanálise, firmando, também, seu ponto de vista sobre o assunto. Cito-o:

> *Pessoalmente, acho muito importante que o seu trabalho seja reafirmado por pessoas que façam descobertas à sua própria maneira e que apresentem o que descobrem na sua própria linguagem. . . . O pior exemplo talvez tenha sido a dissertação de C., em que ele simplesmente ficou jogando de um lado para outro uma porção daquilo que veio a ser conhecido como as "coisas de Klein", sem dar a menor impressão de possuir uma apreciação dos processos pessoais do paciente. A sensação foi de que ele estivesse cultivando um narciso, pensaria estar fazendo um narciso a partir de um bulbo, e não capacitando o bulbo a se desenvolver num narciso através de tratos satisfatórios. (Winnicott, 1990, p. 43)*

O autor assinala a sua opinião de forma transparente: seja qual for a sua orientação teórica, o analista deveria estar capacitado a acompanhar o processo pessoal do paciente em vez de podar os seus gestos criativos, impondo as suas próprias (do analista) ideias e interpretações de maneira intrusiva – o que levaria a uma espécie de análise do falso *self* (conforme apresento no Capítulo 6). Logo, os cuidados prestados em uma psicanálise se equiparam aos cuidados exercidos pela figura materna ao bebê. Em uma de suas conferências realizadas na Rádio BBC de Londres,[16] é o próprio autor quem nos informa:

> *O cuidado com o bebê pode ser descrito em termos de "segurar" [*holding*], sobretudo se permitirmos que o termo se amplie à medida que o bebê cresce e seu mundo se torna mais complexo. Com o tempo, o termo pode muito bem incluir a função da unidade familiar e, de maneira mais sofisticada, pode ser empregado para descrever as práticas assistenciais de* profissionais especializados no cuidado. *(Winnicott, 1967/2020b, p. 76, grifos meus)*

Ainda que o termo *holding* seja frequentemente usado de maneira aleatória e incorreta, ele nada mais é que a *rede de cuidados* de que um indivíduo necessita para atingir os processos de *integração* (psíquica e corporal), saindo do estado de "dependência absoluta", passando pela "dependência relativa", até chegar "rumo à independência", pois, para Winnicott, nós *nunca* seremos totalmente independentes – sempre iremos precisar de alguma coisa ou de alguém. Assim, um psicanalista que se diz winnicottiano não vive fazendo *holding* às cegas. Tudo dependerá do *enquadre* e do *nível de maturidade* em que se encontra o paciente. Retomo Winnicott:

> *A maioria dos bebês tem a sorte de ser bem segurada na maior parte do tempo. Esse é o alicerce sobre o qual a confiança em um mundo amigável é construída porque,*

16 Posteriormente, essas palestras foram organizadas para a publicação do livro *Bebês e suas mães*, reeditado e traduzido pela Editora Ubu em 2020.

> *ao ser segurado bem o suficiente, o bebê torna-se capaz de avançar nas etapas de seu rápido crescimento emocional. A base da personalidade está se constituindo bem quando o bebê é segurado bem o suficiente. Um bebê não se lembra de ter sido bem segurado – o que ele se lembra é da* experiência traumática de não ter sido segurado bem o suficiente. *(Winnicott, 1967/2020b, p. 76, grifos meus)*

Resumidamente: a primeira modalidade de provisão ambiental é aquela disponibilizada pela figura materna, que segura [*holding*] o bebê e se *identifica* com ele, desde o seu nascimento. Desta forma, a figura cuidadora contribui para a constituição de uma vida *criativa* que tenha valor e que valha a pena ser vivida (Loparic, 2013). No decurso do amadurecimento, o indivíduo passará a precisar, para a manutenção da sua personalidade, de cuidados familiares, grupais e sociais. Nas palavras do psicanalista inglês:

> *No caso da maioria dos bebês, o fato de terem sido desejados e amados pela mãe e pelo pai, e também pela família estendida, fornece o* setting *no qual cada criança pode se tornar um indivíduo, não apenas cumprindo o seu próprio destino ao seguir os passos que lhe foram legados (até onde a realidade exterior permitir), mas também se sentindo feliz por se identificar com outras pessoas, com animais e elementos do meio ambiente, e com a sociedade em seu eterno movimento de auto-organização. Em geral, tudo isso é possível principalmente porque a dependência – absoluta no início, mas que tateia rumo à independência – foi aceita como um fato e satisfeita por seres humanos que se adaptaram às necessidades do bebê em crescimento, sem ressentimentos, graças a um*

> *sentimento rudimentar que podemos, convenientemente, chamar de amor. (Winnicott, 1970/2020a, pp. 102-103)*

"A afirmação da *experiência como fonte de conhecimento* é central na epistemologia que preside a obra winnicottiana" (Plastino, 2009, p. 65, grifos do autor). Recusando submeter sua reflexão aos pressupostos que engessam e limitam os processos de conhecimento, Winnicott radicaliza sua crítica ao paradigma da modernidade, abandonando decisivamente a perspectiva que constitui seu núcleo: a concepção da natureza e de suas relações antagônicas com a cultura. O pediatra britânico privilegia, em sua compreensão da dinâmica da natureza e do fenômeno humano, uma radical *historicidade* (Plastino, 2009). Sua capacidade de compreender a existência humana se sustentava na sensibilidade e na liberdade com que permitia a construção de suas teses, com base em suas próprias vivências clínicas. Essa *espontaneidade* se reflete na sua concepção de amadurecimento.

O que notamos na prática, entretanto, é o oposto disso – isto é: não há espaço para que os agentes cuidadores realizem essa tarefa de forma espontânea e criativa. Explico melhor: as instituições sociais, desconhecendo as questões psíquicas que edificam a teoria do amadurecimento, dão uma ênfase cada vez maior a *ações* e *instruções* técnicas para a construção de uma possível rede de cuidados, buscando atender as necessidades da criança para o seu desenvolvimento integral saudável. Com efeito, esse movimento acaba se transformando em procedimentos "mecânicos" que em nada se aproximam da proposta winnicottiana. Ou seja, surgem intervenções generalizadas, em diferentes lugares, perdendo seu senso original e passando a ser realizadas por pessoas contratadas para isso, os chamados *experts* ou *especialistas*, que, com grande impessoalidade, tendem a exigir condutas *adequadas* por parte de pais, mães, professores etc., sem considerar o seu contexto de vida e a *singularidade* que se estabelece em virtude desses cenários.

A meu ver, a possibilidade de diálogo é extremamente rica e nos permite entender que a maior dificuldade no alcance dos objetivos das ações de cuidado, na área da educação, por exemplo, se encontra ao instituir que tais ações devem ser realizadas por agentes específicos e alheios à realidade daquele determinado contexto sócio-histórico. Essa conduta prática tem tornado as pessoas cada vez mais dependentes dos especialistas, que simplesmente são "acionados" para resolverem um problema específico, fator que acaba *atrofiando* a capacidade dos próprios profissionais de encontrar soluções criativas para as suas necessidades.

Winnicott nos alerta que o viver criativo não se atinge por decreto – seja pela força de vontade, seja por organizações e reorganizações operacionais na vida; na verdade trata-se de uma construção, cujos "padrões básicos" se estabelecem ao longo do processo de desenvolvimento maturacional, sendo que as vivências mais iniciais têm influência preponderante (Gurfinkel, 2017). Neste sentido, ao longo desse trajeto, o ambiente humano tem um papel crucial e uma responsabilidade imensurável, "já que é neste meio do caminho que se encontram as oportunidades de fomentar um '*fazer por impulso*' em detrimento de um '*fazer por reação*'" (Gurfinkel, 2017, p. 435, grifos meus), interferindo, desta maneira, na formação de um viver criativo. Na instituição escolar, por exemplo, um professor poderá realizar a trabalho de *holding* com os alunos que estão regredidos e precisam de uma adaptação mais constante do ambiente. Para tanto, é fundamental que a equipe pedagógica tenha algum tipo de conhecimento acerca da teoria do amadurecimento de Winnicott.[17]

Neste ponto, vamos ao encontro da importância de apresentar esse conteúdo, de forma clara, aos professores e outros agentes da

---

17 É exatamente o que proponho com a escrita do volume 2 (*Por uma ética do cuidado: Winnicott para educadores e psicanalistas*).

educação, sem o risco, porém, de perder o princípio da complexidade que rege a nossa ciência.

Referências

Archangelo, A. (2021). *Capacidade para não aprender: manejo e contribuições da psicanálise ao cotidiano escolar.* Zagodoni.

Almeida, A. P. & Naffah Neto, A. (2020). Não dá mais! A impiedade de Cronos, o idoso e o cenário atual brasileiro. *Jornal de Psicanálise, 53*(99), 167-182.

Almeida, A. P. (2022). O superego arcaico, as redes sociais e sua relação com o *burnout* na era do cansaço. *Jornal de Psicanálise, 55*(102), 105-123.

Almeida, A. P. & Naffah Neto, A. (Orgs.). (2022). *Perto das trevas: a depressão em seis perspectivas psicanalíticas.* Blucher.

Checchia, A. K. A. & Souza, M. P. R. (2003). In M. E. M. Meira & M. A. M. Antunes (Orgs.), *Psicologia escolar: teorias críticas.* Casa do Psicólogo.

Checchia, A. K. A. (2020). *Contribuições da psicologia escolar para a formação dos professores.* Dialética.

Coelho Junior, N. E. (2004). Ferenczi e a experiência da Einfühlung. *Ágora: Estudos em Teoria Psicanalítica, 7*(1), 73-85. https://doi.org/10.1590/S1516-14982004000100005.

Coelho Junior, N. E. (2018). A matriz ferencziana. In L. C. Figueiredo & N. E. Coelho Junior (Orgs.), *Adoecimentos psíquicos e estratégias de cura: matrizes e modelos em psicanálise.* Blucher.

Dunker, C. (2020). *Paixão da ignorância: a escuta entre psicanálise e educação.* Contracorrente.

Ferenczi, S. (2011a). A adaptação da família à criança. In S. Ferenczi, *Obras completas* (vol. 4). Martins Fontes. (Trabalho originalmente publicado em 1928)

Ferenczi, S. (2011b). A criança mal acolhida e sua pulsão de morte. In S. Ferenczi, *Obras completas* (vol. 4). Martins Fontes. (Trabalho originalmente publicado em 1929)

Ferenczi, S. (2011c). Elasticidade da técnica psicanalítica. In S. Ferenczi, *Obras completas* (vol. 4). Martins Fontes. (Trabalho originalmente publicado em 1928)

Ferenczi, S. (2011d). O problema do fim da análise. In S. Ferenczi, *Obras completas* (vol. 4). Martins Fontes. (Trabalho originalmente publicado em 1927)

Freud, S. (2010). Além do princípio do prazer. In S. Freud, *Obras completas* (vol. 14). Companhia das Letras. (Trabalho originalmente publicado em 1920)

Freud, S. (2011). Psicologia das massas e análise do Eu. In S. Freud, *Obras completas* (vol. 15). Companhia das Letras. (Trabalho originalmente publicado em 1921)

Gurfinkel, D. (2017). *Relações de objeto.* Blucher.

Kupermann, D. (2019b). *Por que Ferenczi?* Zagodoni.

Kupfer, M. C. (2007). *Freud e a educação: o mestre do impossível.* Scipione.

Klein, M. (1996). Inveja e gratidão. In *Inveja e gratidão e outros trabalhos.* Imago. (Trabalho originalmente publicado em 1957)

Loparic, Z. (org.). (2013). *Winnicott e a ética do cuidado.* DWW Editorial.

Mandelbaum, B. (2019). O que pode a psicanálise no campo da psicologia social? In M. Winograd & M. V. F. Cremasco. (Orgs.), *O que pode a psicanálise.* Blucher.

Marucco, N. (1998). *Cura analitica y transferencia: de la represión a la desmentida*. Amorrortu.

Mezan, R. (2014). *O tronco e os ramos*. Companhia das Letras.

Mezan, R. (2019). *Interfaces da psicanálise*. Blucher.

Naffah Neto, A. (2022). *Darkness visible*: uma interpretação da patologia depressiva a partir de D. W. Winnicott". In A. P. Almeida & A. Naffah Neto (Orgs.), *Perto das trevas: a depressão em seis perspectivas psicanalíticas*. Blucher.

Plastino, C. A. (2009). A dimensão constitutiva do cuidar. In M. S. Maia (Org.), *Por uma ética do cuidado*. Garamond.

Rocha, Z. (2011). A ontologia heideggeriana do cuidado e suas ressonâncias clínicas. *Síntese – Revista de Filosofia, 38*(120), 71-90. https://doi.org/10.20911/21769389v38n120p71-90/2011.

Rodrigué, E. M. (2005). Furacão freudiano. Entrevista com Sérgio Paulo Rouanet. *Percurso, 18*(34).

Rosa, G. (2019). *Grande sertão: veredas*. São Paulo: Companhia das Letras. (E-book).

Safatle, V., Silva Junior, N. & Dunker, C. (Orgs.). (2020). *Neoliberalismo como gestão do sofrimento psíquico*. Autêntica.

Spitz, R. (1991). *O primeiro ano de vida*. Martins Fontes. (Trabalho original publicado em 1965)

Voltolini, R. (2018). *Psicanálise e formação de professores: antiformação docente*. Zagodoni.

Winnicott, D. W. (1990). *Natureza humana*. Imago. (Trabalho publicado postumamente em 1988)

Winnicott, D. W. (2020a). A dependência nos cuidados com a criança. In D. W. Winnicott, *Bebês e suas mães*. Ubu. (Trabalho originalmente publicado em 1970)

Winnicott, D. W. (2020b). O ambiente saudável na infância. In D. W. Winnicott, *Bebês e suas mães.* Ubu. (Trabalho originalmente publicado em 1967)

Winnicott, D. W. (2021). Aspectos clínicos e metapsicológicos da regressão no contexto psicanalítico. In D. W. Winnicott, *Da pediatria à psicanálise.* Ubu. (Trabalho originalmente publicado em 1954)

2. Ferenczi como pensador político: críticas à educação opressora

2.1 Sair da gaiola e ser capaz de voar

> *Se, em vez dos dogmas impostos pelas autoridades, deixassem exprimir-se a faculdade de julgamento independente que está presente em cada um, agora, em grande parte, reprimida,* a ordem social nem por isso deixaria de existir. *É verdade que talvez* surgisse uma nova ordem social *que não estaria necessariamente centrada, de modo exclusivo,* nos interesses de alguns poderosos.
>
> Ferenczi, 1913/2011b, p. 11, grifos meus

Estávamos no segundo semestre da graduação em pedagogia. A empolgação do começo de um novo ciclo era um sentimento presente em quase todos da turma. Durante a primeira semana de aulas, a ansiedade para saber qual professor iria lecionar determinada disciplina da matriz curricular era o assunto mais discutido do dia. Era exatamente nesse período do curso que teríamos contato com uma das matérias mais complexas e fundamentais: "didática". Eis que surge, então, o novo professor. Logo nos primeiros versos do seu discurso de apresentação, foi possível perceber uma "entonação" diferente; era como se algumas "notas musicais" com toques de sensibilidade e leveza fossem emitidas pela sua voz. Podíamos perceber que ele estava muito feliz em estar ali, tendo a oportunidade de compartilhar os seus saberes conosco. Assim, quebrando qualquer protocolo aplicado anteriormente por seus outros colegas de trabalho, o novo professor animado pediu para os alunos se organizarem em roda – o que nos causou um certo estranhamento. Mesmo com algumas resistências demonstradas por parte da turma, nos dispusemos em círculo. O professor desceu do palco – sim, as salas de aula tinham um palco real e físico para os docentes ocuparem – e sentou-se junto de nós. Começou lendo um poema. Drummond? Graciliano? Guimarães Rosa? Cecília? Não me lembro ao certo, mas sei que foi bem tocante. Arrebatador. Em seguida, passou a falar de seus saberes, de suas vivências, dividindo algumas de suas dificuldades com a gente. Por meia dessa tessitura artesanal, ele ia costurando prática e teoria. Cada encontro era uma surpresa. Sentia-me renovado. A aula se tornou um respiro no meio de uma rotina com tantas obrigações acadêmicas. Porém, lá pela terceira semana, alguns estudantes estavam incomodados, pois, segundo eles, aquela forma de lecionar era "pura enrolação". "Muita conversa, pouco conteúdo", diziam. "Queremos aulas normais, com o resumo dos textos na lousa. Afinal, como vamos estudar para a prova com esse bate-papo furado?" Prova? – me questionei em fantasia. Nem estava pensando nisso, só queria ouvir os relatos de alguém que parecia ser tão experiente, entrelaçando o conteúdo com a vida. "Continuo com capacidade de raciocínio – já estudei matemática que é a loucura do raciocínio – mas agora quero o plasma – quero me alimentar diretamente da placenta", escreve Clarice em Água viva *(Lispector, 2020a, p. 7). Clarice sabia exatamente o que eu queria. Eu e mais um monte de gente. Por qual motivo aquele povo afirmava que essa não era a "forma correta" de dar aula? O que seria o "correto" na concepção deles?*

A escola atual, preocupada em ocupar os primeiros lugares do pódio correspondente ao desempenho intelectual dos alunos, avaliado por meio de notas e escalas métricas, tem priorizado os aspectos cognitivos e deixado para o segundo plano a compreensão do desenvolvimento emocional. Entretanto, é expressivo o número de indivíduos que chegam às instituições escolares com suas estruturas psíquicas fragilizadas, tentando juntar os cacos das rupturas traumáticas, apresentando carências e necessidades que não encontram suporte algum no ambiente educacional. Em contrapartida, uma boa quantidade de alunos transmite a impressão de que com eles está tudo bem, mas na verdade *estão apenas agindo conforme as demandas sociais desejadas* e, em algum momento de sua jornada, num futuro não tão tardio, essas rupturas emocionais possivelmente aparecerão.

Seguindo pela direção oposta a essa realidade estritamente competitiva, fundamentada pela lógica do desempenho, gostaria de iniciar o debate com uma passagem de um belo texto de Rubem Alves:

> *Há escolas que são gaiolas e há escolas que são asas.*
>
> *Escolas que são gaiolas existem para que os pássaros desaprendam a arte do voo. Pássaros engaiolados são pássaros sob controle. Engaiolados, o seu dono pode levá-los para onde quiser. Pássaros engaiolados sempre têm um dono. Deixaram de ser pássaros. Porque a essência dos pássaros é o voo.*
>
> *Escolas que são asas não amam pássaros engaiolados. O que elas amam são pássaros em voo. Existem para dar aos pássaros coragem para voar. Ensinar o voo, isso elas não podem fazer, porque o voo já nasce dentro dos pássaros. O voo não pode ser ensinado. Só pode ser encorajado. (Alves, 2004, p. 127)*

O nosso sistema educacional, de modo abrangente, tende a desconsiderar a habilidade dos alunos de voar, que, conforme destaca Alves, é intrínseca ao nosso existir. Com efeito, a escola e os professores passam a *impor* formas artificiais de voar ou, na pior das hipóteses, aprisionam os estudantes em "gaiolas"; algumas menores e estreitas, outras mais amplas e espaçosas, mas ainda assim essencialmente restritivas.

Aprisionados, não somos capazes de alçar voo e observar outras realidades. Com o tempo, nos acostumamos com essa condição *limitada*, nos formatamos ao sistema e, por essa razão, não somos capazes de aceitar o que surge de original a partir do encontro com o *imprevisível.* Passamos a querer mais do mesmo e reproduzimos o dogmatismo que corre em nossas veias. "Escolas que são gaiolas existem para que os pássaros *desaprendam* a arte do voo", nos provoca Alves.

Ora, quando aceitamos apenas *um únic*o modelo como correto e praticável, acabamos desenvolvendo uma certa *intolerância* àquilo que julgamos como incorreto. Por mais flexíveis que sejam os contratos e por mais que as regras sejam elaboradas e repensadas em conjunto e constantemente, não nos esqueçamos de que "a sala de aula é um lugar definido pela série de antagonismos que construíram historicamente a escola como empreendimento disciplinar" (Dunker, 2020, p. 184). Uma educação voltada para a escuta e para compreensão dos laços efetivos produzidos no espaço escolar não está em condições de superar isso, mas pode "criar práticas que permitam ao sujeito situar-se melhor no interior da lógica do conflito e da luta por reconhecimento" (Dunker, 2020, p. 184). Um dos maiores preços que pagamos por negligenciar a subjetividade e as emoções no ambiente escolar consiste, a meu ver, na nossa real dificuldade de acolher e lidar com as diferenças.

No meu entendimento, foi exatamente isso que aconteceu com o caso que relatei.

2.2 Por que Ferenczi e a educação?

> *Talvez o que me tenha acontecido seja uma compreensão – e que, para eu ser verdadeira, tenho que continuar a não estar à altura dela, tenho que continuar a não entendê-la. Toda compreensão súbita se parece muito com uma aguda incompreensão.*
>
> Lispector, 2020b, n.p.

Imagino que o leitor esteja se perguntando: por que iniciar este capítulo com uma citação de um autor da psicanálise, e não de um educador?

O psicanalista húngaro Sándor Ferenczi (1873-1933) não foi somente um grande clínico, mas também um *pensador político* – como podemos perceber no recorte de seu ensaio "Importância da psicanálise na justiça e na sociedade", de 1913, que escolhi para abrir este texto. Essa é uma das diversas marcas que evidenciam a singularidade de seu pensamento e de sua ética. A mesma postura crítica e inquietante também se manifesta na prática clínica ferencziana, que busca, incansavelmente, por manejos diferenciados, compreender o que é obscuro, *recusando* as receitas prontas, "questionando o que parecia ter sido bem formulado teoricamente por Freud, *mas que na clínica, não se confirmava*" (Pinheiro, 2016, p. 179, grifos meus).

É por esse motivo, inclusive, que Ferenczi irá se debruçar sobre a questão da empatia do analista com o paciente, chamando de *tato* o cuidado que o clínico deveria ter ao lidar com alguém que estivesse psiquicamente doente e em situações de vulnerabilidade. O autor questiona a posição convicta que sobressai no cenário analítico e destaca a necessidade da análise das próprias demandas afetivas *do analista* – algo inovador e ousado para uma época em que a psicanálise ainda estava em seu período de desenvolvimento.

"Ferenczi não é somente um dos pioneiros da psicanálise, ele é, depois de Freud, o protagonista mais importante dos primórdios de sua história. Junto com Freud, foi um dos grandes militantes da causa psicanalítica" (Pinheiro, 2016, p. 179), chegando a cogitar a hipótese de que o nosso trabalho poderia ser, muitas vezes, um mero instrumento a serviço das nossas *próprias resistências e dificuldades*. Além disso, Ferenczi criou teorias sobre a técnica e criticou a si mesmo com veemência.

No obituário de Ferenczi, que faleceu prestes a completar 60 anos de idade, em razão de complicações provocadas por um quadro de anemia perniciosa, o próprio Freud, desolado com a morte do amigo e colaborador, nos confessa:

> *Em janeiro de 1926 tive de escrever o obituário de nosso inesquecível amigo Karl Abraham. Alguns anos antes, em 1923, eu havia congratulado Sándor Ferenczi por seus cinquenta anos de vida. Agora, mal se passaram dez anos, constato dolorosamente que sobrevivi a ele. No escrito por ocasião do seu aniversário, pude louvar publicamente sua versatilidade e originalidade, sua riqueza de dotes; mas a discrição adequada a um amigo me impediu de falar de* sua personalidade afetuosa, amável, aberta para tudo significativo. *(Freud, 1933/2010, p. 465, grifos meus)*

Apesar das divergências teóricas, Freud nunca deixou de admirar Ferenczi, afirmando, nesse mesmo artigo escrito *in memoriam*, que a necessidade de *curar* e *ajudar* eram predominantes na atividade clínica de seu estimado amigo, destacando que seu trabalho visava, especialmente, à possibilidade de alcançar, com os pacientes, o amor pelo qual eles haviam ansiado quando crianças e que não lhes fora atribuído nos primórdios da vida. Ou seja, na perspectiva ferencziana o psicanalista poderia, por meio de sua técnica, *cicatrizar* as feridas deixadas pelos traumas de abandono, desamparo ou violência – uma proposta visionária e que foi bastante questionada pelo meio analítico daquela época. Talvez por isso Freud conclua o texto do obituário afirmando que seria "impossível imaginar que a história de nossa ciência o esqueça [Ferenczi] algum dia" (Freud, 1933/2010, p. 468).

Ao revisitar algumas das ideias que fecundam o arsenal teórico desse grande autor, fui movido a pensar de que forma a sua ética poderia servir de guia norteador aos educadores, sobretudo no que tangencia o processo de transformação de sua "ação pedagógica",[1] frente a um sistema que toma como alicerce mais certezas do que questionamentos, que impõe aos alunos *verdades absolutas* e não abre espaço para a troca de opiniões.

Para tanto, é fundamental recordar a tese de que toda *ação* representa o "produto" de aprendizagens e reflexões produzidas pelo indivíduo *ao longo de sua história*, que estão diretamente relacionadas ao seu contexto social, cultural e econômico. Com efeito, questionar o *lugar* e a *função* das políticas públicas e do Estado nesse processo torna-se imprescindível para observarmos como se estruturam as relações de poder fortemente baseadas na *submissão* e na *intolerância*

---

1 No exame de qualificação do meu mestrado, em 2017, a profa. dra. Laurinda Ramalho de Almeida – um dos maiores nomes do país no campo de pesquisa sobre "afetividade e educação" – me sugeriu o uso do termo "ação pedagógica", que, de acordo com a sua explicação oral, é uma ação realizada junto a agentes educativos, tendo por finalidade *promover* e *facilitar* a aprendizagem dos alunos na escola. Nesse sentido, destaco os seus principais compromissos: promoção do desenvolvimento profissional dos professores e mediação das relações interpessoais entre os diferentes atores da prática educativa. Imbricados no papel formativo estão os papéis de articulador e transformador: como articulador, para instaurar na escola e no sistema o significado do trabalho coletivo; como transformador, tendo participação no coletivo da escola, estimulando a reflexão, a dúvida, a criatividade e a inovação.

às diferenças. Jô Gondar (2017) nos apresenta algumas questões relevantes ao escopo do nosso debate. Cito a autora:

> *Na juventude, Ferenczi foi um militante dedicado às lutas pela libertação da Hungria; porém, seu interesse gradualmente deslocou-se para a esfera daquilo que hoje se chama micropolítica: cada vez menos as lutas pelo poder no plano do Estado, e cada vez mais a denúncia do constrangimento da subjetividade pela família, pela sociedade – e por que não? – pelo dispositivo clínico da psicanálise. Mais engajado nas causas sociais do que Freud, mais genuinamente preocupado com o sofrimento e mais sensível aos problemas subjetivos vivenciados nos jogos de poder, Ferenczi produziu conceitos e inovações clínicas cujas implicações são simultaneamente políticas ou, mais rigorosamente, micropolíticas, como indica o filósofo Gilles Deleuze: as questões com que a psicanálise se defronta são inevitavelmente políticas, mesmo quando surgem no seio de uma família, numa escola ou numa relação amorosa; trata-se sempre do quanto e do como o desejo pode se produzir e se expressar diante das injunções de assujeitamento (Deleuze, 1975). (Gondar, 2017, p. 210)*

Neste primeiro capítulo dedicado à discussão do pensamento ferencziano, irei me ater aos aspectos sociais e políticos presentes em seus trabalhos. Comecemos, então, com a análise do artigo intitulado "Psicanálise e pedagogia", de 1908. Ferenczi escreve que "a pedagogia cultiva a *negação das emoções e das ideias*" (Ferenczi, 1908/2011c, p. 40, grifos meus), criticando claramente o sistema opressor, tradicional e ortodoxo que dominava o cenário educacional de seu tempo. No final desse mesmo texto, o autor afirma que:

> *o remédio para essa doença da sociedade (a neurose) só pode ser a exploração da personalidade* verdadeira e completa *do indivíduo, em particular do laboratório da vida psíquica inconsciente que hoje deixou de ser totalmente inacessível; e o meio preventivo: uma pedagogia fundada, isto é,* a ser fundada na compreensão e na eficácia, e não em dogmas. *(Ferenczi, 1908/2011c, p. 44, grifos meus)*

Paralelamente, em sua consagrada obra, "Pedagogia do oprimido", escrita no Chile enquanto estava exilado do Brasil, Paulo Freire dirá que "a libertação . . . é um parto. E um parto doloroso. O homem que nasce deste parto é um homem novo que só é viável na e pela *superação da contradição opressores-oprimidos*, que é a libertação de todos" (Freire, 2013, n.p., grifos meus). Aqui, o valor das relações humanas é lançado ao *primeiro plano*, mediante um ponto de vista *horizontal* e não *vertical* (em que há o predomínio de um saber sobre o outro).

É digno de nota que o artigo de Ferenczi dedicado especificamente à temática da educação tenha sido o trabalho que marcou a sua entrada para o meio psicanalítico, em 1908, com a apresentação desse material no Congresso de Salzburgo. Há, entretanto, duas versões bem distintas de "Psicanálise e pedagogia".[2]

Percorrendo a edição inglesa de uma coletânea das obras do autor, organizada pela Editora Routledge (2018), e consultando os apontamentos de Dean-Gomes (2019), foi possível presumir que uma das versões do ensaio teria sido usada no Congresso, enquanto a outra foi enviada para publicação. Essa segunda diferencia-se

2 Tais referências foram apresentadas por Gustavo Dean-Gomes em seu livro *Budapeste, Viena e Wiesbaden: o percurso do pensamento clínico-teórico de Sándor Ferenczi* (2019). Agradeço ao autor pelo norte dessa pesquisa.

significativamente da primeira, pois destaca a enorme influência que Ferenczi recebia de um dos grandes expoentes da pediatria moderna, Adalbert Czerny, que nem sequer é mencionado nas edições das *Obras completas* em português organizadas pela Editora Martins Fontes (Dean-Gomes, 2019).

Dessa segunda versão, *não veiculada no Brasil*, gostaria de apresentar o seguinte recorte:

> *O objetivo primário da reforma educacional, a qual deveríamos almejar, deve ser uma* tentativa de libertar a mente infantil do peso da repressão desnecessária. *Depois disso – e como tarefa mais importante – deveria haver uma reforma de nossas instituições sociais, de modo que a liberdade de ação seja dada aos impulsos de desejo que não podem ser sublimados. . . . O primeiro e mais importante passo na direção de um futuro melhor está – em minha opinião – na propagação do conhecimento da verdadeira psicologia da criança conforme descoberta por Freud. (Ferenczi, 1908/2018, p. 281, tradução e grifos meus)*

Quanto à influência do pensamento do pediatra Czerny, podemos mencionar as breves citações de Ferenczi que enfatizam a importância de uma recepção *cuidadosa*, oferecida ao bebê que chega tão desprotegido ao mundo. Vejamos: "É interessante observar que Czerny é favorável ao aleitamento materno como forma pela qual os *contatos emocionais* entre mãe e criança desenvolvem as relações que são tão valorizadas . . . entre pais e filhos" (Ferenczi, 1908/2018, p. 285, tradução e grifos meus).

O fragmento selecionado nos indica uma marca singular do pensamento ferencziano – que ficará mais evidente no período final de sua obra. Refiro-me ao seu interesse pelo desenvolvimento das relações *primárias* entre a mãe e o bebê, a criança e a família, a escola e os alunos.

Aliás, esse tema é explorado por Ferenczi no conteúdo de seus artigos "pré-psicanalíticos". Em 1901, bem antes de seu contato com Freud, o autor húngaro publica o ensaio "Leitura e saúde", assinalando seu interesse pelos assuntos da infância. Cito-o: "Você já viu um camponês míope? Nem eu, os oculistas raramente os veem . . .. Em contrapartida, o aluno ao ingressar na universidade encomenda os seus óculos . . ., pois a sua visão se reduziu durante seus anos de escola" (Ferenczi, 1901/1994, p. 101, tradução minha). É claro que se trata de uma metáfora de intenção irônica. Além disso, é provável que o jovem médico esteja fazendo referência à sua *própria* história de vida – tendo em vista que ele mesmo cresceu em um ambiente repleto de cultura e erudição (na livraria e editora de seu pai).

Antes de discutir a passagem acima, retornemos, pois, à conhecida versão brasileira do artigo "Psicanálise e pedagogia". Ferenczi escreve: "É com a mentira que ela [a pedagogia] mais se aparenta. . . . a pedagogia atual *obriga a criança a mentir para si mesma*, a negar o que sabe e o que pensa" (Ferenczi, 1908/2011c, p. 40, grifos meus).

Grosso modo, o autor destaca que a escola "desperdiça" o melhor de nossas forças psíquicas para manter em regimento os dogmas e a hipocrisia – um dos principais sintomas do homem civilizado. "Poderíamos até dizer que a pedagogia cultiva a negação das emoções e ideias" (Ferenczi, 1908/2011c, p. 40), complementa. Assim, a "humanidade é atualmente educada para uma *cegueira introspectiva*" (Ferenczi, 1908/2011c, p. 41, grifos do autor) – ideia que, de alguma forma, amplia a sua metáfora dos óculos, pois ao se "prender" exclusivamente aos livros, a criança passa a perder a sua "visão de mundo".

Apesar de estarmos em 1908, ouso dizer que as premissas de Ferenczi caminham ao encontro do pensamento de Paulo Freire, dialogando com os princípios de uma "educação libertadora". Penso, também, que a *cegueira* à qual o autor se refere pode estar relacionada à alienação vivenciada por muitos alunos durante o seu percurso escolar. Explico melhor: a escola contemporânea exclui os alunos de sua própria subjetividade, de sua dimensão cultural, produzindo um processo *mecânico* que em nada se aproxima da verdadeira humanização e da apropriação do saber por meio da experiência.

Nesse sentido, pagamos um preço elevado por tal cegueira introspectiva, pois, ao se afastar de si, o sujeito pós-moderno não entra em contato com o "íntimo" que estabelece a formação da identidade. Essa ausência de contato com nós mesmos produz uma compreensão social limitada e preconceituosa – atitude que se manifesta e ganha forma por meio dos discursos de ódio e intolerância que se tornaram corriqueiros no contexto brasileiro. Acompanhemos o autor:

> *Esse conhecimento aprofundado do psiquismo individual não podia deixar de ter efeito sobre a nossa concepção* da psicologia coletiva. *Freud e seus alunos tomaram inicialmente os mitos por objeto de suas investigações e descobriram que eles são a expressão simbólica das pulsões recalcadas da humanidade, tal como os sintomas histéricos e os sonhos de indivíduos normais. (Ferenczi, 1913/2011b, p. 6, grifos meus)*

Logo, Ferenczi deixa claro que, embora a base da psicanálise seja o olhar para a singularidade, todo indivíduo deve ser compreendido a partir de sua realidade histórico-social. Valendo-nos dessa perspectiva – que aparece também em Freud –, a teoria psicanalítica surge como uma crítica possível à *educação de massa*. Em outras palavras, ela questiona a demanda das escolas pelas classes homogêneas, as "classes dos iguais". É a diferença, portanto, que institui o sujeito.

Assim, para saber quem eu sou, qual é a minha identidade, para me situar singularmente, eu preciso da alteridade: *eu não sou você*. "A diferença tem a função de produzir identidades, tanto pessoais quanto sociais. Vale destacar que *identidade é um conceito que permite entender como nos percebemos e nos definimos*" (Maciel, 2016, p. 68, grifos meus). Ela se constrói, de maneira prática e simbólica, por meio das relações intersubjetivas. Igualmente, para respeitar as singularidades é fundamental ter consciência sobre elas e disposição para aceitá-las. Poder conviver com a diferença é a base de uma vida mais plural e solidária.

Apesar de criticar o dogmatismo, Ferenczi nunca defendeu uma prática sem regras e limites. Pelo contrário, ele sublinhava a possibilidade de uma educação que pudesse encontrar o equilíbrio entre a *moralidade* e a *liberdade individual*, sem negligenciar a verdadeira psicologia do homem, assim como os afetos e as emoções que abrangem o real sentido de aprender. Com o seu ponto de vista, o autor propõe uma comparação do processo educacional com o tratamento psicanalítico, destacando que, neste último, a cura dos sintomas acontece quando o sujeito neurótico é capaz de reconhecer, ao longo do processo terapêutico, suas tendências para a satisfação de desejos contrários à moral consciente (Ferenczi, 1908/2011c). Cito Ferenczi:

> *A análise psicológica não resulta, portanto, no reinado desenfreado de instintos egoístas, inconscientes e eventualmente incompatíveis com os interesses do indivíduo, mas na ruptura com os preconceitos que entravam o autoconhecimento, a compreensão dos motivos até então inconscientes e a possibilidade de um controle dos impulsos que se tornaram conscientes. . . . O homem que se conhece realmente, além do sentimento exaltante que*

> *essa consciência lhe proporciona, torna-se mais modesto. (Ferenczi, 1908/2011c, p. 44, grifos meus)*

Ao assinalar as características de uma psicologia individual, Ferenczi também questiona o lugar da sociedade, apontando o seu aspecto *relacional*. "Se em Freud o sujeito precisa do outro *porque* é constitucionalmente desamparado, em Ferenczi o sujeito é vulnerável *na* relação com o outro" (Gondar, 2017, p. 219, grifos da autora). Essa ideia justifica o peso atribuído pelo autor à infância desde a origem de suas publicações.

"É essa vulnerabilidade que, em suma, caberia reconhecer numa criança. Porém, isso implica também no reconhecimento da própria vulnerabilidade" (Gondar, 2017, p. 219). Como vimos, Ferenczi colocava o sofrimento psíquico de seus pacientes em *primeiro lugar*, longe da pretensão de validar quaisquer suposições teóricas. Neste sentido, uma das "modalidades" clínicas que ele criou foi a experiência da "*análise mútua*". Em uma nota de 13 de março de 1932, redigida em seu *Diário clínico*, nomeada pelo autor como "Análise de duas crianças", ele escreve:

> *Certas fases da análise mútua representam, de uma parte e de outra, a renúncia completa a todo constrangimento e a toda autoridade; a impressão que se tem é a* de duas crianças igualmente assustadas *que trocam suas experiências, que, em consequência de um mesmo destino se compreendem e buscam instintivamente tranquilizar-se. A consciência dessa* comunidade de destino *faz com que os parceiros se apresentem como perfeitamente inofensivos, e em quem, portanto, se pode confiar com toda tranquilidade. (Ferenczi, 1932/1990, p. 91, grifos meus)*

Jô Gondar (2017) nos informa que a noção de "comunidade de destino" é proveniente das ciências sociais e se opõe à ideia de comunidade de origem. "Enquanto esta última se sustenta nos laços de sangue, laços dados de uma vez por todas, a comunidade de destino refere-se ao fato de que um grupo de pessoas pode reunir-se, sem lideranças ou certezas prévias, para discutir ou construir o seu próprio destino (Bosi, 1955)" (Gondar, 2017, p. 219). Nada mais honesto a ser pensado também a respeito da educação. Compartilhar o mesmo destino por meio das vivências e da troca entre os pares não deveria ser o objetivo central de qualquer processo educativo? É por essa lógica que podemos estabelecer um vínculo de amizade, respeito e confiança. Quando há a predominância de uma relação *vertical*, em que somente um fala e o outro escuta, a única preocupação que nos sobra é a de coletar os conteúdos que serão cobrados nas semanas de avaliações. Perde-se o húmus da experiência cultural, caindo-se na repetição de um saber preconizado, numa cristalização do pensamento.

Na ocasião em que assumi a função de professor universitário, em 2015, era comum lecionar a mesma disciplina para diferentes turmas. Apesar de sempre preparar uma programação das aulas, contendo o resumo dos assuntos que eu precisaria discutir, cada um desses encontros era visto por mim como uma *experiência* singular e diferenciada. Às vezes, o mesmo tema abordado por uma determinada direção em uma turma tomava os rumos mais inesperados em outra. Tudo isso porque eu permitia a participação *ativa* dos estudantes, que, frequentemente, costumavam costurar os conceitos teóricos às experiências práticas dentro de suas realidades.

De maneira oposta, penso que um professor inseguro e mal resolvido com o seu lado infantil e o seu lugar de "não saber" jamais seria capaz de assegurar esse espaço favorável ao debate, pois as questões que escapassem do roteiro prévio certamente iriam balançar o seu solo rígido de certezas. "Após a decepção sentida com relação aos pais, professores e outros heróis, as crianças ligam-se entre si e estabelecem vínculos de amizade. (Deve a análise acabar sob o signo de uma tal amizade?)" (Ferenczi, 1932/1990, p. 91). Neste mesmo âmbito, Alves (2004, p. 127) nos dirá que "Escolas que são asas não amam pássaros engaiolados. O que elas amam são pássaros em voo".

O laço *horizontal*, tanto nas relações como na clínica e, no nosso caso em particular, na educação, permite que a *confiança* se estabeleça, justamente porque todos os que estão inseridos nesse laço apresentam traços de vulnerabilidade. Por esse vértice, Ferenczi nos mostra que "o analista não se coloca – ou não se coloca apenas – no lugar do pai, da mãe, ou do objeto enigmático e causa da função desejante" (Gondar, 2017, p. 220). Pelo contrário, o analista pode se apresentar como um parceiro, "no lugar do querer ser superior e bom dos adultos (hipocrisia e fanatismo)" (Ferenczi, 1932/1990, pp. 91-92). Essa atitude revela ao analisando que "não é ele que é ruim ou louco . . ., mas são os adultos que são desonestos e cegos" (Ferenczi, 1932/1990, p. 92). Na análise mútua, portanto, o inconsciente não se move por caminhos preconcebidos pela teoria do terapeuta, mas pelo encontro com o inesperado. "O inconsciente é um 'se fazendo', e não uma estrutura a ser reproduzida" (Katz, 1993, p. 14). Ferenczi denuncia o permanente distanciamento que há entre teoria e clínica; a primeira determinada pelas relações unívocas das construções epistemológicas, a segunda se expressando, emergindo da horizontalidade do inesperado.

Tal crítica pode efetivamente ser aplicada à educação. Ora, o professor precisa ser capaz de acessar as suas condições de vulnerabilidade para se colocar próximo de seus alunos. A relação educacional é uma atividade que se faz *constantemente*, por meio de encontros e desencontros – com o outro e consigo próprio.

Quantas vezes lembro-me de retornar para casa, após um dia exaustivo de aulas, pensando que não havia dado o suficiente de mim. Essa atitude era necessária para que eu pudesse analisar minhas possíveis falhas e avaliar constantemente a eficácia do meu trabalho. Em contrapartida, também considero que cada um ensina do modo como aprendeu e, aqui, mais do que nunca, fica evidente a necessidade da presença de mestres que consigam *descer do palco*, descontruir uma imagem idealizada e tocar a humanidade de cada aluno.

2.3 Uma crítica à doutrinação no processo educativo: um olhar ferencziano

A escrita de Ferenczi – como é típico de grandes pesquisadores – sofre transformações à medida que o psicanalista vai ampliando sua prática clínica e conhecendo novos referenciais teóricos, alcançando uma maturidade tão significativa que acabou promovendo o seu distanciamento dos ideais defendidos por Freud. Isso se deveu, especialmente, aos últimos anos de produção bibliográfica do autor húngaro. Ferenczi teve coragem, ousadia e criatividade para se afastar do mestre e caminhar com suas próprias pernas, apesar de isso ter lhe custado o ostracismo. Nas palavras de Kupermann (2019):

> *A quase totalidade das reflexões biográficas e das versões acerca da história do movimento psicanalítico entende que . . . Ferenczi teria sido definitivamente banido por Freud e pelos seus pares, terminando seus dias segregado e marginalizado. Ao contrário, acreditamos que Ferenczi buscou ativamente sua solidão, convicto de que apenas um afastamento mais radical de um grupo que funcionava segundo os princípios da obediência servil e da reprodução do mesmo poderia lhe proporcionar a liberdade necessária para* pensar e praticar criativamente

> a psicanálise *e, finalmente, para morrer à sua própria maneira. (p. 39, grifos meus)*

Podemos presumir que Ferenczi expressava, em seus artigos, as ressonâncias dos "problemas" que ele estava vivenciando pessoalmente? Talvez sim, talvez não. O que é válido observar, no entanto, é que sempre seremos tocados pelos conflitos que incidem sobre a nossa existência e isso, mais cedo ou mais tarde, será alvo de nossas reflexões.

O ensaio do qual irei me valer agora é um trabalho pouco discutido no meio psicanalítico. Trata-se do trabalho "Adestramento de um cavalo selvagem" (1913/2011a). Nele, Ferenczi relata a experiência de poder acompanhar a demonstração de Joseph Ezer, figura bastante famosa nos jornais da época, conhecido por domar e ferrar numa só sessão o mais selvagem dos cavalos. A seguir, apresento um breve resumo da história descrita pelo autor.

Uma comissão, composta por oficiais superiores da cavalaria, reuniu-se no pátio do quartel local com o objetivo de provar a arte do domador, valendo-se da presença de um cavalo particularmente rebelde. Czicza,[3] uma belíssima égua puro-sangue de quatro anos e meio que não podia ser *utilizada* para montaria, apesar de suas notáveis qualidades, porque *nenhum* mestre ferrador conseguia ferrá-la. Ninguém podia sequer chegar perto do animal, por causa de seu caráter selvagem e de seus violentos coices (Ferenczi, 1913/2011a). Mesmo o rapaz da estrebaria, que estava acostumado a cuidar dela, só se aproximava com as devidas precauções, precisando dispor de apurados esforços antes de conseguir escovar o seu dorso. Entretanto, quando queria tocar nas suas patas, o animal desencadeava coices furiosos, em todas as direções, ao mesmo tempo que soltava relinchos assustadores. Apesar de a égua ser perfeitamente saudável,

3 "Gata" em húngaro.

qualificava-se o seu estado de *estresse* e *agressividade* como impróprio às corridas ou à reprodução.

Finalmente, o ilustre domesticador apareceu: "era um homem de seus trinta e poucos anos, de aparência rústica, gestos desembaraçados, muito senhor de si, e conversou sem o menor constrangimento com as altas personalidades presentes" (Ferenczi, 1913/2011a, p. 14). Foi então buscar a égua. Em geral, Czicza tolerava a presença somente de seu criador habitual, porém, dessa vez, quando ele quis se aproximar de suas patas, ela relinchou e escoiceou violentamente.

Ferenczi escreve uma matéria publicada no jornal *Az Est* (A tarde), de 1° de maio de 1912, que expunha, com detalhes, o encontro do domador com a fera:

> *Avançando para o animal, o mestre ferrador pôs-se a falar com ele em voz forte, num tom quase autoritário, mas, ao mesmo tempo, com uma ternura infinita, quase um arrulho; toma simultaneamente as rédeas das mãos do moço da estrebaria. . . . Ao fim de um quarto de hora, Czicza tremia com todos os seus membros, transpirava, e seus olhos, até então cintilantes, embaçavam-se pouco a pouco, mas de um modo bastante visível. Meia hora depois, o animal deixava-se tocar nas patas, e o ferrador pôde, num gesto firme, mas suave, acariciá-las . . .. Czicza, subjugada, permanecia de pé sobre três patas diante dele, a quarta pata dobrada na posição que o ferrador lhe dera, como se fosse cera. Isso durou uma hora; assim que o animal tentava mostrar-se indócil, o ferrador punha-se a gritar de novo; caso contrário, ficava o tempo todo sussurrando-lhe palavras carinhosas junto ao pescoço. . . . Uma hora depois, o ferrador já se ocupava em*

> *ferrar Czicza a golpes de martelo e, ao fim de uma hora e cinquenta minutos, tudo estava terminado. Czicza estava completamente extenuada, mas perfeitamente calma e obediente; deixou-se acariciar nas patas e foi reconduzida à estrebaria. (Ferenczi, 1913/2011a, pp. 14-15)*

Partindo da suposição de que as influências da hipnose incidiram sobre o método psicanalítico, Ferenczi compara os fenômenos descritos nesse episódio da égua selvagem à tendência infantil para a obediência cega, que pode persistir durante a vida toda. Assim, o autor sugere que havia dois meios de mergulhar um indivíduo na hipnose: a *doçura* e a *autoridade*. "Dei ao método da doçura (carícias afetuosas, ternos encorajamentos, murmúrios persuasivos) o nome de *hipnose maternal*; ao método autoritário (interpelação enérgica, injunções e intimidação), o de *hipnose paternal*" (Ferenczi, 1913/2011a, p. 16, grifos do autor).

Paremos por aqui. A partir dessas passagens, vamos tentar elaborar algumas considerações sobre o cenário político em que vivemos, atrelando-o ao universo da educação.

Hoje, nosso país vem sofrendo uma onda de totalitarismo, misoginia, intolerância e hostilidade, radicada pelo bolsonarismo, por meio da consolidação de um discurso de ódio e aversão diante de qualquer manifestação de cultura e liberdade – tudo que caminha na direção oposta dos supostos "princípios" da extrema direita é categorizado, por essa massa, como uma possível "ameaça comunista", revelando um modo de pensar assustadoramente persecutório. Assim, uma das primeiras medidas adotadas pelo governo federal foi o corte das verbas destinadas à produção de cultura e ao financiamento de inúmeras pesquisas universitárias.

O que mais me sobressalta, porém, não é o fato de um presidente disseminar atrocidades que, todos os dias, nos fazem perder a esperança na construção de um futuro promissor, mas a quantidade expressiva de indivíduos que se identificam e idolatram tal conduta. Trata-se de uma espécie de obediência às cegas, sem qualquer resíduo de senso crítico e maturidade para questionar ou debater esses comportamentos.

Com o relato do episódio da égua indomável, Ferenczi assinala as técnicas utilizadas pela figura do adestrador: uma combinação de *doçura* e *hostilidade.* Embora eu não consiga notar *doçura* alguma nas atitudes do nosso excelentíssimo presidente (e tampouco de seus companheiros), podemos apontar algumas tentativas toscas de sua parte para conquistar a população, como o apelo constante à moralidade cristã e à justiça divina; passeatas e exposições públicas segurando crianças no colo; piadas de teor machista e discriminatório que, por incrível que pareça, são enaltecidas por seus seguidores; dentre outras bizarrices.

Por mais que, para alguns de nós, essas imagens pareçam totalmente surreais, a outros elas se enquadram como gestos amorosos de um *pai* que nunca existiu – na realidade ou em fantasia.[4] Carentes de uma referência paterna, tais sujeitos tornam-se presas fáceis a serem devoradas pela alienação de um discurso perverso e tirânico – o que atesta a "eficácia" da *doçura.*

Em outro extremo encontramos a *hostilidade*, pontuada por Ferenczi como a segunda parte da combinação necessária para domar um animal selvagem. Analisemos os fatos que correspondem a isso: em várias manchetes veiculadas na mídia, o presidente (e seus representantes) aparece atacando as minorias; ri dos mortos da pandemia; cria teorias da conspiração sobre a origem da covid-19; desvaloriza o efeito das vacinas em prol da defesa de um suposto tratamento precoce que não possui qualquer evidência científica;

---

4 Freud irá explorar essa ideia brilhantemente em seu ensaio "Psicologia das massas e análise do Eu", de 1921.

e, mais recentemente, assistimos aos ataques de fúria dirigidos ao Supremo Tribunal Federal[5] e à própria democracia.

De acordo com Ferenczi, esses são os "ingredientes" perfeitos para engrossar o caldo da doutrinação, ou seja, a *doçura* de um humor tóxico, que beira o tosco; e a *hostilidade* dirigida aos supostos inimigos que ameaçam a integridade de seu governo – elementos que fomentam, respectivamente, a admiração e a intimidação do povo.

Pois bem, conforme venho discutindo desde as páginas iniciais deste trabalho, não podemos problematizar o tema da educação *sem* situarmos as condições políticas, sociais e culturais pelas quais ele é constantemente atravessado. O reflexo do autoritarismo brasileiro, baseado no interjogo de *doçura* e *hostilidade*, ecoa pelos corredores das escolas e penetra a intimidade da sala de aula, promovendo impactos negativos na interação professor-aluno. Intimidados pela imagem de um professor arrogante ou de uma instituição excludente, muitos estudantes deixam de se implicar no seu próprio processo de aprendizagem, enjaulando-se na miudeza de uma cápsula solitária.

Quando iniciei a minha trajetória acadêmica, há alguns anos, como estudante universitário de primeira viagem, tive de lidar com a figura de um professor aclamado e enaltecido por uma boa parte da turma, mas temido, na mesma proporção, por outra. Era uma pessoa com um vasto conhecimento, muito embora se valesse disso para intimidar aqueles que estavam no começo de seu percurso, assumindo uma posição vertical de pleno saber, na qual o aluno era completamente desvalorizado. Alguns colegas, por exemplo, tremiam ao apresentar um seminário, pois caso errassem qualquer coisa, por menor que fosse, eram ridicularizados com perguntas complexas que bloqueavam ainda mais o seu raciocínio. Além disso, o professor também escolhia os

5 Ver https://www.istoedinheiro.com.br/bolsonaro-ataca-stf-em/ (acesso em outubro de 2021).

seus eleitos por preferência, que sempre eram agraciados com piadas infantis e migalhas de bom humor – o que, para eles, era mais do que suficiente, pois esses gestos asseguravam o seu estado regredido infantil que estava por trás daquela admiração às cegas. E, assim, por meio da combinação (infalível) de "doçura e hostilidade", a classe inteira era domada, da mesma forma que ocorreu com a égua selvagem do conto ferencziano.

Acompanhemos mais uma provocação induzida por Rubem Alves:

> *De um lado, sucumbimos ao fascínio da ideologia da ciência e suas promessas de um conhecimento objetivo e universal. Por outro, deixamo-nos intimidar se tivermos medo do escárnio. Por isso mesmo, retiramo-nos do nosso falar. E nossa ausência do nosso discurso significa, praticamente, que ele é vazio de* significação humana. . . . *Assim, o discurso da escola ficou, progressivamente, como algo solto no ar, que não se liga, pelo desejo, nem aos que fazem de conta que ensinam, nem aos que fazem de conta que aprendem.* Ninguém fala. Quem fala é um sujeito universal, abstrato*: observa-se, nota-se, constata-se, conclui-se. (Alves, 1980, p. 23, grifos meus)*

Nesse fragmento, Alves salienta que, na medida em que sucumbimos ao fascínio da ideologia, retiramo-nos do *nosso* falar, e, essa ausência de discurso significa um *vazio* da própria condição humana. Amarrando os pontos dessa passagem às tramas de minha própria vivência, podemos perceber que uma aprendizagem fundamentada na intimidação empobrece-se humanamente. Não à toa, Ferenczi, de maneira genial, valeu-se da história de uma égua selvagem para tecer uma crítica, ainda que sutil e indireta, sobre o sistema de doutrinação vigente na política, na cultura e, quiçá, na psicanálise de sua época, analisando os mecanismos responsáveis pela implementação da "ordem social". Cito o mestre de Budapeste:

> *De forma instintiva, Ezer parece ter recorrido aos métodos de* doçura *e de* terror *habilmente associados, e por essa combinação de* hipnose maternal *e* paternal *pôde amansar um animal indomável. . . . Esse gênero de adestramento só tem interesse, por certo, para os animais domésticos cuja qualidade principal é a docilidade. Mas um ser humano submetido no decorrer de sua infância a tais excessos de ternura e intimidação* corre o risco de perder para sempre a sua capacidade de agir com independência. São essas crianças "domesticadas" que fornecem mais tarde os sujeitos sempre receptivos à sugestão maternal ou paternal, e igualmente a maioria dos neuróticos. *(Ferenczi, 1913/2011a, pp. 17-18, grifos meus)*

Os efeitos produzidos por uma cultura que tende a *adestrar* os seus cidadãos podem ser sombrios e duradouros, principalmente quando esse mesmo "adestramento" recai sobre o processo de ensino-aprendizagem. Ferenczi percebeu isso no princípio de suas investigações científicas – o que torna possível situá-lo como um pensador *político* e *inquieto*.

Vale lembrar que Czicza, ao ser domada, perde a potência de sua espontaneidade instintiva e torna-se *funcional*, apta ao trabalho mecânico de montaria e demais obrigações. Ao mesmo tempo, não nos esqueçamos de que isso só foi possível porque a égua possuía um elevado *grau de docilidade* que permitiu que ela fosse dominada, apesar dos esforços que o processo exigiu – o que demonstra que a rebeldia, além de ser uma "capa encobridora" da ternura, pode ser uma tentativa de não se curvar a um sistema que anseia por reprimir as características singulares do ser.

Cabe ao professor, aliado ao projeto político pedagógico da escola, em extensão aos afazeres realizados junto aos pais, à comunidade e ao restante da equipe, a função de proporcionar aos seus alunos um *espaço humano* que possa oferecer "a exploração da personalidade verdadeira e completa do indivíduo, em particular do laboratório da vida psíquica inconsciente que hoje deixou de ser totalmente inacessível" (Ferenczi, 1908/2011c, p. 44), graças à psicanálise e suas descobertas. Caminhando por essa mesma linha, Gondar (2017) escreve que:

> *Surgem novas formas de exercer a política e de fazer laço social que prescindem do modelo verticalizado, espraiando-se em linhas que não se posicionam em relação ao poder do Estado, tampouco se colocam sob o vértice de grandes líderes ou ideias transcendentes. Os movimentos de* ocupação, *por exemplo, desconsideram as lideranças e as hierarquias, privilegiando, na cena política, as relações horizontais. (pp. 220-221)*

Os pequenos movimentos de resistência a que assistimos brotar emergem como tentativas de oposição à tirania de um Estado que assola toda e qualquer marca de singularidade. Aqui, as reflexões psicanalíticas elaboradas por Ferenczi impulsionam boas inquietações e nos direcionam para "uma pedagogia fundada, isto é, a ser fundada na *compreensão e na eficácia*, e não em dogmas" (Ferenczi, 1908/2011c, p. 44, grifos meus) – inquietações estas que já foram narradas pelo poeta:

> *Desinventar objetos. O pente, por exemplo. Dar ao pente funções de não pentear. Até que ele fique à disposição de ser uma begônia. Ou uma gravanha.*
>
> *Usar algumas palavras que ainda não tenham idioma.*
>
> *(Barros, 2016, p. 15)*

Referências

Alves, R. (1980). *Conversas com quem gosta de ensinar.* Cortez.

Alves, R. (2004). *Gaiolas ou asas: a arte do voo ou a busca da alegria de aprender.* ASA.

Barros, M. (2016). *O livro das ignorãças.* Alfaguara.

Dunker, C. (2020). *Paixão da ignorância: a escuta entre psicanálise e educação.* Contracorrente.

Ferenczi, S. (1990). *Diário clínico.* Martins Fontes. (Trabalho originalmente publicado em 1932)

Ferenczi, S. (1994). Lecture et santé. In S. Ferenczi, *Les écrits de Budapest.* E.P.E.L. (Trabalho originalmente publicado em 1901)

Ferenczi, S. (2011a). Adestramento de um cavalo selvagem. In *Obras completas* (vol. 2). Martins Fontes. (Trabalho originalmente publicado em 1913)

Ferenczi, S. (2011b). Importância da psicanálise na justiça e na sociedade. In S. Ferenczi, *Obras completas* (vol. 2). Martins Fontes. (Trabalho originalmente publicado em 1913)

Ferenczi, S. (2011c). Psicanálise e pedagogia. In S. Ferenczi, *Obras completas* (vol. 1). Martins Fontes. (Trabalho originalmente publicado em 1908)

Ferenczi, S. (2018). Psychoanalysis & education. In S. Ferenczi, *Final contributions to the problems and methods of psychoanalysis*. Routledge. (Trabalho originalmente publicado em 1908)

Freire, P. (2013). *Pedagogia do oprimido*. Paz e Terra. (E-book)

Freud, S. (2010). Sándor Ferenczi. In S. Freud, *Obras completas* (vol. 18). Companhia das Letras. (Trabalho originalmente publicado em 1933)

Gondar, J. (2017). Ferenczi como pensador político. In E. S. Reis & J. Gondar, *Com Ferenczi: clínica, subjetivação, política*. 7 Letras.

Katz, C. S. (1993). A análise mútua em Ferenczi: indicações. *Revista Percurso, 10*, 12-14.

Kupermann, D. (2019). *Por que Ferenczi?* Zagodoni.

Lispector, C. (2020a). *Água viva*. Rocco.

Lispector, C. (2020b). *A paixão segundo G. H.* Rocco Digital. (E-book).

Maciel, M. R. (2016). *Psicanálise e educação*. Pearson. (Coleção Clínica Psicanalítica)

Pinheiro, T. (2016). *Ferenczi*. Casa do Psicólogo.

3. Transferência e introjeção: a metapsicologia ferencziana além da clínica

3.1 Breves discussões sobre as noções de transferência e introjeção para Ferenczi

> *Observamos na neurose um processo diametralmente oposto. Pois enquanto o paranoico projeta no exterior as emoções que se tornaram penosas,* o neurótico procura incluir em sua esfera de interesses uma parte tão grande quanto possível do mundo externo, *para fazê-lo objeto de fantasias conscientes ou inconscientes. Esse processo [...], é considerado um* processo de diluição, *mediante o qual o neurótico procura atenuar a tonalidade penosa dessas aspirações "livremente flutuantes", insatisfeitas e impossíveis de satisfazer. Proponho que se chame* introjeção *a esse processo inverso da projeção.*
>
> Ferenczi, 1909/2011, p. 95, grifos do autor

Ferenczi não foi apenas um grande crítico social e um excelente clínico, mas também criou conceitos metapsicológicos muito antes de sua análise pessoal com Freud, que se deu entre 1914 e 1916, com idas e vindas. Segundo Gay (2012), uma primeira em outubro de 1914, durante três semanas, com duas sessões diárias e, posteriormente, uma segunda, em 1916, durante um mês. Sendo ambas interrompidas, devido às obrigações militares de Ferenczi.

Em seu artigo "Transferência e introjeção" (1909), o autor húngaro começa analisando um dos fenômenos essenciais da clínica psicanalítica, a saber, as instabilidades da relação transferencial que, diga-se de passagem, atravessa todo o vasto campo das relações humanas. Será por meio de uma clássica citação de Freud, publicada no posfácio do famoso "Caso Dora" (1905[1901]), que Ferenczi irá retomar a definição do termo. Cito Freud:

> *Que são transferências? São novas edições, reproduções dos impulsos e fantasias que são despertados e tornados conscientes à medida que a análise avança, com a substituição – característica da espécie – de uma pessoa anterior pela pessoa do médico. Colocando de outra forma: toda uma série de vivências psíquicas anteriores é reativada, mas não como algo passado, e sim na relação atual com o médico. Há transferências que em nada se distinguem do seu modelo no conteúdo, salvo na substituição. São, portanto – prosseguindo na metáfora –, simples reimpressões, novas tiragens inalteradas. Outras são feitas de modo mais engenhoso, sofrem uma atenuação de conteúdo, uma* sublimação, *como eu digo, e podem se tornar conscientes se apoiando em alguma peculiaridade real (habilmente utilizada) da pessoa ou da situação do médico. Já não são reimpressões, mas edições revistas. (Freud, 1905/2016, p. 312, grifos do autor)*

É no mínimo curioso que Freud tenha definido uma das pedras angulares da psicanálise, justamente a partir de uma dificuldade clínica. Lembremos, pois, o que "caso Dora", ao lado "Homem dos Lobos", ficou conhecido, na história da nossa disciplina, como um dos grandes fracassos da técnica freudiana.[1] Dora (Ida Bauer) abandonou o tratamento em poucos meses, enquanto o Homem dos Lobos (Serguei Pankejeff) passou por uma série de experiências clínicas nas mãos de Freud – como a determinação de um prazo fixo para o término da análise, por exemplo –, que acabaram sendo efetivamente caóticas para o paciente, considerado por muitos estudiosos como um caso *borderline*. Talvez tenha sido esse aspecto, a culpa de não ter obtido êxito, que levou o mestre de Viena a definir um dos fenômenos mais importantes que configuram o processo psicanalítico, diferenciando-o de outras psicoterapias.

Pois bem, Ferenczi concorda com Freud e é bastante cirúrgico quando diz: "As principais dificuldades da análise provêm precisamente dessa particularidade dos neuróticos, 'a de *transferir seus sentimentos reforçados por afetos inconscientes* para a pessoa do médico, furtando-se assim ao conhecimento de seu próprio inconsciente'" (Ferenczi, 1909/2011a, p. 87, grifos meus). No entanto, o autor húngaro também irá atribuir o seu toque de *pessoalidade* à definição de transferência, tingindo-a com as suas próprias impressões – ligadas à *sensibilidade* inerente ao seu caráter e estilo.

Ele afirma, por exemplo, que o comportamento excessivo dos histéricos é muito conhecido e, geralmente, desperta uma atitude de sarcasmo e desprezo entre os médicos; "mas, depois de Freud, sabemos que esses sarcasmos deveriam ser endereçados a nós, médicos

1 Para o leitor interessado, recomendo a excelente coletânea dos *grandes casos clínicos de Freud*, publicada recentemente pela editora Autêntica (2021), com o título "Histórias clínicas". A obra possui uma tradução feita direto do alemão e comentada por eminentes pesquisadores da nossa ciência.

[analistas], porque não reconhecemos a representação simbólica própria da histeria, parecendo *analfabetos* em face à rica linguagem da histeria" (Ferenczi, 1909/2011a, p. 88, grifos e colchetes meus). Tal comportamento, de acordo com Ferenczi, levaria os médicos daquela época a qualificarem os sintomas histéricos, ora como simulação, ora pretendendo derrotá-los por meio de denominações fisiológicas tão pedantes quanto obscuras. Ou seja: o autor húngaro passa a observar a *comunicação* do corpo histérico, caminhando, assim, para além dos sinais fisiológicos.

Ferenczi, ainda nesse período embrionário de suas descobertas, já se mostrava ser o gigante que viria a se tornar no decorrer da evolução e da maturidade de seu pensamento. Portanto, não devemos, em hipótese alguma, desprezar as descobertas encontradas nos seus ensaios iniciais. Lamentavelmente notamos essa característica em relação aos estudos da obra ferencziana, pois alguns pesquisadores costumam enfatizar apenas os impactos das suas teorias elaboradas no final dos anos 20. Debruçam-se, apenas, sobre a temática do trauma, esquecendo-se do restante de um pensamento que possui uma dimensão *colossal* para a clínica e para as questões culturais. Como salienta Joel Birman:

> *A análise de Ferenczi com Freud se deu entre 1916 e 1917, uma análise curta como costumava acontecer nesse período. A partir desse momento, o questionamento de Ferenczi com a experiência psicanalítica mudou de qualidade. Porém, e isso é um ponto muito importante, tudo o que Ferenczi escreveu e produziu antes de 1918-19* são contribuições efetivas para a psicanálise. *[...] existem autores que acham que Ferenczi só começou a produzir psicanálise depois de sua análise com Freud. [...]* O que não é verdade, absolutamente. *Ferenczi criou conceitos*

> *novos em psicanálise que Freud não tinha utilizado até então. Por exemplo: o conceito de introjeção criado por Ferenczi vai depois se transformar num conceito que Freud vai trabalhar e retrabalhar, repensar a própria ideia de identificação, a partir da tese ferencziana. (Birman, 1996, p. 72, grifos meus)*

Porém, antes de nos aprofundarmos no conceito de 'introjeção', acho importante continuar discutindo as observações de Ferenczi acerca da transferência. Valendo-se da premissa freudiana, o nosso autor afirma que o paciente neurótico apropria-se dos sintomas e do caráter de uma pessoa, com a qual se *identifica* inconscientemente. Dito de outra forma: os pacientes neuróticos e histéricos possuem uma "tendência para a *imitação*, para o *contágio psíquico* que não são simples 'automatismos', mas explicam-se por reinvindicações e desejos inconscientes, rejeitados pela consciência e inconfessáveis" (Ferenczi, 1909/2011a, grifos do autor). Com efeito, Ferenczi continua traçando um paralelo entre o adoecimento psíquico e as manifestações corporais. De acordo com as suas pesquisas, os neuróticos deslocam para um terreno mais lícito as tendências que a sua consciência recusa: por exemplo, a identificação inconsciente das funções de nutrição e de secreção com funções genitais (coito, parto etc.).

Não é raro, no atendimento psicanalítico de crianças, sermos surpreendidos por comportamentos que representam, nitidamente, a teoria ferencziana. Os nossos pequenos pacientes frequentemente criam hipóteses acerca do nascimento dos bebês e do ato sexual de seus pais que, na maioria das vezes, estão atreladas às ações de *engolir*, *devorar* e *evacuar*[2]. Alguns, inclusive, apresentam sintomas

---

2 Tais observações clínicas foram muito bem descritas por Melanie Klein em seus trabalhos iniciais sobre a análise de crianças. No texto "O desenvolvimento de

relacionados a essas funções fisiológicas – dificuldade em mastigar os alimentos, resistência para ir ao banheiro, complicações para deixar as fraldas etc.

"Mas a transferência é apenas um caso particular da tendência geral dos neuróticos para o deslocamento" (Ferenczi, 1909/2011a, p. 90), nos alerta o autor. Neste sentido, o contexto do tratamento psicanalítico seria, assim, bastante promissor para o estabelecimento desses fenômenos inconscientes. Os afetos, até então recalcados, despertam progressivamente na *consciência*, deparando-se "em estado nascente" com a pessoa do analista. Estabelecendo uma comparação com a química, Ferenczi afirma que o psicanalista "atua aí como um 'catalisador' que atrai provisoriamente os afetos liberados pela decomposição; mas cumpre saber que numa análise corretamente conduzida essa combinação mantém-se *instável*" (Ferenczi, 1909/2011a, p. 90, grifos meus).

> *Levando em conta a importância crucial do "complexo de Édipo" recalcado (amor e ódio pelos pais) em todas as neuroses, não causará surpresa que o comportamento naturalmente compreensivo, benevolente, por assim dizer "paternal" do psicanalista seja capaz de engendrar* simpatias conscientes e fantasias eróticas inconscientes *cujos primeiros objetos foram os pais. O médico [analista] é sempre e exclusivamente um desses "espectros" (Freud) que fazem ressuscitar no paciente as* figuras

---

uma criança", de 1921, fortemente inspirado pelo pensamento ferencziano, em que a autora descreve a análise de Fritz que, na verdade, trata-se de seu próprio filho Erich, ela aponta: "Apesar de toda informação que recebera e de repetidas correções, Fritz se prendia à ideia, expressa em diversas ocasiões, de que as crianças cresciam no estômago da mãe. . . . Comentários isolados já tinham dado indicações de sua teoria . . . de que as crianças são feitas de comida e são idênticas às fezes" (Klein, 1921/1996, pp. 54-55).

> desaparecidas de sua infância. *(Ferenczi, 1909/2011a, p. 91, grifos e colchetes meus)*

Por outro lado, *uma única palavra* ou *um simples comentário* do analista já acaba sendo o suficiente para desencadear toda a raiva, o ódio e o ressentimento recalcados, outrora dirigidos às pessoas que fizeram parte da infância do paciente e que, na maioria das vezes, causavam-lhe um grau de *frustração*, por conta da imposição de limites e de moralidade. "Reconhecer a transferência das emoções positivas e negativas é capital na análise" (Ferenczi, 1909/2011a, p. 91). Essa característica distingue o pensamento ferencziano do freudiano, tendo em vista que o primeiro nos atenta para as implicações da transferência negativa.

Com o propósito de 'amarrar' tais ideias, gostaria de compartilhar com o leitor um recorte da minha experiência prática como diretor pedagógico:

> *Cláudia era professora do segundo ano do ensino fundamental. Lecionava em nosso colégio há um bom tempo, realizando um trabalho exemplar com as crianças e com os pais. Nunca tivemos qualquer reclamação a respeito do seu desempenho como docente. Era uma profissional carinhosa, atenta e extremamente preocupada com o desenvolvimento dos seus alunos. No entanto, durante o ano letivo de 2017, tivemos algumas intercorrências inesperadas. A mãe de um aluno novo, que tinha acabado de ser transferido para a nossa escola, passou a escrever recados grosseiros na agenda/diário, questionando as lições que a professora passava, assim como algumas características de sua própria didática. Os apontamentos eram rudes e beiravam a agressividade. Cláudia ficou*

bastante incomodada com isso e solicitou que convocássemos essa mãe para uma conversa em conjunto com a direção. A mulher desmarcou duas vezes, mas acabou cedendo na terceira chamada. Ela chegou à escola com uma postura totalmente defensiva, fechada ao diálogo, afirmando que não estava satisfeita com o trabalho da professora e que era nítido, segundo ela, que Cláudia havia adquirido uma forte "antipatia" por seu filho. Ocorre que tais acusações não procediam, pois o menino adorava a professora e os amiguinhos. Além disso, a mãe também se queixou que os deveres de casa eram muito difíceis para uma criança de segundo ano, e o seu filho apresentava uma dificuldade enorme para realizá-los. Usando um tom de voz tranquilo e afável, Cláudia disse que o garoto fazia as lições em sala de aula normalmente, participando com vigor das explicações e das dinâmicas pedagógicas. Após uns vinte minutos desse "vai e volta", repleto de acusações não fundamentadas, decidi perguntar para essa mãe se havia alguma coisa na 'pessoa' de Cláudia que a incomodava e, caso a resposta fosse positiva, ela poderia se sentir à vontade para falar sobre isso. A jovem mulher ficou espantada com a minha pergunta e se manteve em silêncio por alguns minutos. Depois, afirmou que decidiu tirar o seu filho da escola anterior, pois a professora era muito exigente e demonstrava uma certa frieza em relação aos alunos. Em seguida, ela nos contou que na primeira reunião de pais e mestres, percebeu que a aparência de Cláudia lembrava o semblante da antiga educadora, o que a fez ficar com o "pé atrás". Concordou que poderia estar sendo rígida demais com a nova professora, justamente por conta dessa "coincidência". Falei para ela que compreendia a situação, porém, Cláudia e a professora anterior "não eram as mesmas pessoas" e que, dessa forma, ela poderia tentar dar uma chance para o nosso trabalho. Além disso, durante toda a conversa, Cláudia foi super acolhedora e ouviu as queixas da mãe em relação à outra instituição de ensino. Dentro do intervalo de uma semana, mais ou menos, a postura dessa mulher acabou mudando completamente e mantendo-se, inclusive, mais próxima à professora no decorrer do restante do ano letivo.

Esse exemplo, pode nos servir para ilustrar as diversas faces do fenômeno da transferência. Quem trabalha com crianças na prática clínica, certamente se depara com esse mecanismo de um modo bem mais evidente, pois muitos pais ou responsáveis acabam interrompendo o tratamento psicanalítico por conta de alguma questão transferencial em relação à figura do analista.

Lembremos, contudo, que a transferência ocorre sempre na dimensão *inconsciente* e não é tão fácil assim de se 'resolver'. Às vezes, criamos um vínculo de resistência, raiva e ressentimento com alguém desconhecido, sem saber a razão desses sentimentos. No terreno da clínica, é importante que o analista esteja em dia com o seu processo de análise pessoal e com a sua supervisão (em grupo ou individual), para dissolver os nós desses embaraços que empacam a possibilidade do progresso terapêutico e podem levar ao corte abrupto do tratamento por parte do paciente – como aconteceu com Freud e Dora (1905).

Na esfera social, as transferências acontecem o tempo todo e movimentam uma infinidade de afetos. Na relação professor-aluno é comum demonstrarmos preferências pelas aulas de um determinado professor. Por conta disso, acabamos estudando mais e nos dedicando com vigor às disciplinas de mestres que cultivamos um maior apreço. Aprendemos por amor, admiração, identificação, ou por diversas outras questões que podem estar intrincadas a esses sentimentos. O fato inegável é que as nossas experiências infantis são reeditadas ao longo de toda a vida, através do encontro com o outro – que é sempre imprevisível.

Maria Cristina Kupfer, amplia a nossa discussão e propõe que:

> *Instalada a transferência, tanto o analista como o professor tornam-se* depositários *de algo que pertence ao analisando ou ao aluno. Em decorrência dessa "posse", tais figuras ficam inevitavelmente carregadas de uma importância especial. E é dessa importância que emana o poder que inegavelmente têm sobre o indivíduo. Assim, em razão dessa transferência de sentido operada pelo desejo, ocorre também uma transferência de poder. (Kupfer, 2007, p. 91, grifos meus)*

Assim, se o paciente ou o aluno dirigem-se ao analista ou ao professor, atribuindo-lhe um sentido conferido pelo desejo, então, essas figuras passarão a fazer parte do seu mundo inconsciente. Isso significa que tanto o analista, quanto o professor, "tingidos" ou "tocados" pela transferência, deixam de ser exteriores ao inconsciente do sujeito, mas o que quer que digam ou façam será escutado a partir desse lugar subjetivo onde estão colocados. Essa suposição explica, em parte, o fato de haver mestres que nada parecem ter de especial, mas que, na realidade, marcam a trajetória intelectual de alguns alunos. Ferenczi expande o escopo deste debate quando afirma:

> *Pois enquanto o paranoico projeta no exterior as emoções que se tornaram penosas, o* neurótico procura incluir em

> sua esfera de interesses uma parte tão grande quanto possível do mundo externo, *para fazê-lo objeto de fantasias conscientes ou inconscientes. [...] Proponho que se chame* introjeção *a esse processo inverso da projeção. (Ferenczi, 1909/2011a, p. 95, grifos do autor)*

Para o nosso autor, o sujeito neurótico, diferente do paranoico – que projeta no mundo externo os seus desejos e tendências, acreditando reconhecer nos outros, todo o amor e o ódio que nega existir em si mesmo –, está numa constante "busca de objetos de identificação, de transferência, isso significa que *atrai tudo o que pode* para a sua esfera de interesses, 'introjeta-os'" (Ferenczi, 1909/2011a, p. 95, grifos meus).

> *O paranoico entrega-se a uma busca de objetos análoga, mas é para "colar" neles – como vulgarmente se diz – a libido que o incomoda. É essa a origem do caráter oposto do neurótico e do paranoico. O neurótico interessa-se por tudo, distribui seu amor e seu ódio pelo mundo inteiro; o paranoico ensimesma-se, é desconfiado, sente-se espiado e perseguido, odiado ou amado pelo mundo todo.* O "ego" do neurótico é patologicamente dilatado, ao passo que o paranoico sofre, por assim dizer, uma contração do "ego". *(Ferenczi, 1909/2011a, p. 95, grifos do autor)*

Ferenczi desdobra suas explicações e constata que na história do desenvolvimento individual do ego – ou *ontogênese*[3] – a experiência

3 A ontogenia trata da evolução do organismo, em seu próprio tempo de vida e desenvolvimento. Já a filogenia se refere à história evolutiva de uma ou mais espécies. Enquanto processos do desenvolvimento (neste caso, ontogenéticos) podem influenciar processos evolutivos (filogenéticos) como consequência,

psicanalítica, pautada em sua prática clínica, demonstrou que a projeção paranoica e a introjeção neurótica constituem apenas "exageros" de processos mentais que ocorrem em todo indivíduo "normal" – ou seja, elas *fazem parte da nossa constituição psíquica*. O que irá determinar o "tipo" de adoecimento é a frequência com que empregamos uma ou outra.

Nesse aspecto, o psicanalista húngaro mergulha ainda mais fundo e se debruça sobre o funcionamento mental do recém-nascido, afirmando que o bebê experimenta todas as coisas de maneira *monista*, [4] quer se trate de um estímulo externo ou de um processo psíquico. "Só mais tarde a criança aprenderá a reconhecer a 'malícia das coisas', aquelas que são inacessíveis à introspecção, rebeldes à vontade, ao passo que outras ficam à sua disposição e submetidas à sua vontade" (Ferenczi, 1909/2011a, p. 96).

Gradualmente, o monismo altera-se em dualismo. Essa passagem ocorre quando a criança passa a excluir os objetos das suas percepções, até então unitárias, para formar *com eles* o mundo externo. Dessa forma, "opõe-lhes o 'ego' que lhe pertence mais diretamente; quando distingue, pela primeira vez, o *percebido* objetivo do vivenciado subjetivo, está efetuando, na realidade, a sua primeira operação projetiva, a 'projeção primitiva'" (Ferenczi, 1909/2011a, p. 96, grifos do autor).

> *E se, mais tarde, deseja desembaraçar-se dos afetos desagradáveis no modo paranoico, não tem necessidade de um método profundamente novo; assim como objetivou outrora uma parte de sua sensorialidade,* expulsará

---

organismos individuais se desenvolvem (ontogenia), ao passo que as espécies evoluem (filogenia).

4 Princípio pelo qual tudo o que existe é reduzido a um único princípio pelo qual todos os seres são regidos.

> *agora uma parte maior do ego para o mundo externo,* transformando *ainda mais afetos subjetivos em sensações objetivas. (Ferenczi, 1909/2011a, p. 96, grifos meus)*

Contudo, segundo o autor, "uma parte maior ou menor do mundo externo não se deixa expulsar tão facilmente do ego, mas persiste em impor-se, como que por desafio: ama-me ou odeia--me, 'combate-me ou sê meu amigo'" (Ferenczi, 1909/2011a, p. 96). Assim, o fio do desenvolvimento se seguirá quando o ego cede a esse desafio, reabsorvendo uma parte da realidade externa e passando a incluí-la em seu interesse, constituindo a primeira introjeção, ou seja, a *introjeção primitiva*. Com efeito, o primeiro amor e o primeiro ódio acontecem graças à transferência: "uma parte das sensações de prazer ou de desprazer, autoeróticas na origem, *deslocam-se* para os objetos que as suscitaram" (Ferenczi, 1909/2011a, p. 94, grifos meus). No início, a criança só gosta da saciedade, porque ela aplaca a fome que a tortura – depois acaba gostando também da mãe ou da figura cuidadora; o objeto que lhe propicia a saciedade.

Desse modo, o primeiro amor objetal e o primeiro ódio objetal constituem a raiz, ou seja, o *modelo* de toda transferência posterior. Os poetas, como sempre, definem esses fenômenos bem melhor que os psicanalistas. Cito um trecho do poema "Avesso bíblico" de Mia Couto:

> *[...] Deus tocou a água*
> *E acreditou ter criado o oceano.*
> *Tocou o chão*
> *e pensou que a terra nascia sob os seus pés.*
> *(Couto, 2016, p. 72)*

Resumidamente: a introjeção, para Ferenczi, faz parte do desenvolvimento psíquico normal e é absolutamente necessária para a entrada do indivíduo no princípio de realidade; no mundo externo. Para ele, o bebê nasce em um estado *monista*, em que a única coisa que lhe interessa é o *seu próprio mundo*, constituído por suas sensações fisiológicas e suas devidas satisfações. Ainda não há, nesse começo da vida, uma relação com a externalidade. Pouco a pouco, a criança começa a adquirir uma percepção *dualista*, no momento em que realiza o seu *primeiro* mecanismo projetivo, diferenciando a realidade objetiva da realidade subjetiva. Uma parte do mundo externo, porém, se impõe ao bebê, escapando da sua onipotência projetiva. Resta ao recém-nascido reabsorver essa parte, valendo-se da introjeção primária. Portanto, pertence ao *ambiente* a capacidade de cuidar dessa criança, para que essas relações iniciais de amor e ódio possam ser minimamente equilibradas, pois, segundo Ferenczi, elas serão a base de toda transferência posterior.

Outra coisa importante: o autor destaca que no decorrer do desenvolvimento, caso o indivíduo queira se livrar de afetos desagradáveis, ele poderá utilizar novamente o fenômeno da *projeção*, expulsando parte de seu próprio ego para o mundo externo, com a intenção de transformar a realidade exterior a partir das suas próprias percepções afetivas.

Tentando manter-se o mais freudiano possível, embora estivesse criando uma teoria bastante original, Ferenczi dá contorno às suas teses citando trechos do pensamento de Freud para elucidar novas ideias. Vejamos:

> *Freud também demonstrou como a visão política e religiosa que os homens alimentam em relação ao universo, as superstições tão generalizadas, até a metafísica dos filósofos, são* metapsicologia *pura: uma projeção de*

> *sensações e sentimentos no mundo externo. A mitologia, na qual o antropomorfismo desempenha um papel tão grande, apresenta-se na análise como uma combinação dos processos de introjeção e projeção. (Ferenczi, 1909/2011a, p. 97, grifos do autor)*

Grosso modo, tingimos o mundo externo com as nossas projeções e introjeções, atribuindo as nossas próprias características subjetivas aos fenômenos naturais, culturais, sociais e políticos. O próprio cristianismo, por exemplo, confirma essa hipótese psicanalítica, quando nos sugere que o primeiro homem, Adão, foi feito a partir da *imagem* e *semelhança* de Deus. Não obstante, a figura de Jesus Cristo, além de ocupar o lugar de Deus Pai, também assume o posto de Deus Filho, tornando-se, assim, o nosso irmão – o que acaba atribuindo *atributos humanos* à sua imagem. Essa seria, portanto, uma maneira pessoal de interpretar uma questão de ordem espiritual, sobrenatural e mitológica. Emprestamos parte do nosso ego, para assimilar ao mesmo tempo aquilo que é *inexplicável.* Sigamos o raciocínio do autor mais uma vez:

> *A história da vida psíquica individual, a formação da linguagem, os atos falhos da vida cotidiana, a mitologia, examinados sob esse ângulo, podem reforçar a nossa convicção de que o neurótico percorre os mesmos caminhos do indivíduo normal quando tenta atenuar seus afetos flutuantes pela extensão de sua esfera de interesses, pela introjeção, portanto, quando* espalha suas emoções por todo tipo de objetos que pouco lhe interessam, para deixar no inconsciente suas emoções vinculadas a certos objetos que interessam demais. *(Ferenczi, 1909/2011a, p. 97, grifos do autor)*

3.2 Introjeção versus *incorporação: as contribuições de Abraham e Torok*

Neste item, vamos explorar os sentidos atribuídos por outros pesquisadores ao conceito de 'introjeção' de Sándor Ferenczi. Comecemos analisando a citação abaixo:

> *Vê-se que todas as perdas narcísicas – ainda que sejam subtraídas à introjeção – não têm a incorporação por destino fatal.* Este é o caso apenas para as perdas que não podem – por alguma razão – se confessar enquanto perdas. *[...] Na falta dessa saída de socorro, só resta opor ao fato da perda uma denegação radical, fingindo não ter tido nada a perder. Não se trata mais de relatar diante de um terceiro o luto de que se é portador. [...] O luto indizível instala no interior do sujeito uma* sepultura secreta. *[...] Criou-se, assim, todo um mundo fantasístico inconsciente que leva uma vida separada e oculta. (Abraham & Torok, 1995, p. 245, grifos dos autores).*

No livro "A casca e o núcleo" (1995), o casal de psicanalistas Nicolas Abraham e Maria Torok estabelece uma diferença entre os processos de *introjeção* e de *incorporação*, que será essencial para pensarmos a estrutura do trauma na perspectiva ferencziana. Eles cunharam o conceito de incorporação para indicar casos em que a introjeção não pôde ocorrer. Para eles, a incorporação significa "introduzir no corpo", sob a forma de apropriação, a marca de uma situação de perda sofrida pelo psiquismo. É justamente para se livrar da angústia de perder que se imagina *engolir* o que está perdido, sob a forma de um objeto. A "cura mágica" por incorporação dispensa o trabalho doloroso do luto. "A fantasia de incorporação denuncia uma *lacuna* no psiquismo, uma *falta* no lugar preciso em que uma introjeção deveria ter ocorrido" (Abraham & Torok, 1995, p. 245, grifos meus).

Em contrapartida, a *introjeção*, tal como foi formulada por Ferenczi em 1909, é o processo responsável pela interiorização de relações predominantemente libidinais. Para os autores, ela começa logo após o nascimento e se dá graças a experiências do vazio da boca. Esse vazio é inicialmente vivenciado como gritos e choros; depois torna-se um meio de fazer surgir a linguagem. "Aprender a preencher com palavras o vazio da boca é um primeiro paradigma da introjeção" (Abraham & Torok, 1995, p. 246). Compreende-se, portanto, que ela só pode operar com a assistência constante de uma pessoa madura, portadora do *recurso da linguagem*.

A *identificação com o agressor* (Ferenczi, 1933/2011d) e a *identificação melancólica*[5] (Freud, 1917/2010b) seriam, portanto, decorrentes de um processo de *incorporação* e demonstram precisamente que não ocorreu a introjeção. De maneira oposta, o mecanismo de introjeção leva a uma *expansão* do ego: o vivido é simbolizado, e a perda e o limite podem ser inscritos simbolicamente, através do processo de luto (Cintra, 2018). Nas palavras do próprio Ferenczi:

> *Poderiam objetar-me que a extensão da esfera de interesses, a identificação do "ego" com numerosas pessoas ou mesmo com a humanidade inteira, a receptividade às estimulações externas, são qualidades compartilhadas também pelos indivíduos normais, inclusive seres da elite, e que a introjeção não pode, portanto, ser considerada um processo psíquico característico dos neuróticos. Responderemos que, segundo a doutrina psicanalítica,*

5 Esses termos serão mais bem explicados no capítulo 6 deste livro.

> *não existe diferença fundamental entre "normalidade" e neurose. Sabemos, graças a Freud, que as "neuroses não possuem conteúdo psíquico característico, específico exclusivo". (Ferenczi, 1909/2011a, p. 99)*

A incorporação ocorre, por exemplo, no caso de um abuso sexual na infância seguido de indiferença e de atitudes de *desmentido* (a *Verleugnung*) por parte dos adultos que desempenham um papel significativo na vida do infante. Estou me referindo à ocasião em que a criança busca um *testemunho* e o adulto *desmente* as evidências do episódio traumático, invalidando o discurso infantil. "Isso é um trauma que não pode ser simbolizado: ele atravessa o ego de ponta a ponta como um enclave" (Cintra, 2018, p. 86). Estamos diante de algo *indigesto*, que foi "engolido sem mastigação", por assim dizer. O evento traumático fica silenciado e isolado em uma espécie de *cripta*, onde a vergonha e a culpa o tornam indizível e intragável (Cintra, 2018). Deste modo, por desmentido, entendemos como o não-reconhecimento e a não-validação perceptiva e afetiva da violência sofrida. Trata-se de um descrédito da percepção, do sofrimento e da própria condição de sujeito daquele que vivenciou o trauma. Portanto, o que se desmente não é o evento, mas o sujeito.

> *A perda inconfessável fica na cripta, que é uma espécie de invólucro, [...] onde a palavra foi sepultada para que se possa omitir o sofrimento, através de uma ilusão. Dessa forma, a cripta guarda o trauma e conserva a situação vivida através de uma clivagem do eu. Assim, transmite-se o segredo, a proibição de falar. O sujeito carrega algo, um silêncio ruidoso. Uma cripta é transmitida [de uma geração à outra] apesar das palavras, na ausência delas. (Berenstein, 2018, n.p.)*

Nicolas Abraham e Maria Torok (1995) elucidam que os dois mecanismos de introjeção e de incorporação estão presentes no nosso psiquismo, mas há casos em que os conteúdos encriptados predominam. Encontramos na ideia de *cripta*, elaborada pelos autores, a transmissão transgeracional de marcas traumáticas como um mecanismo de *incorporação* que atua como uma compensação defensiva em relação a uma perda negada. Nesta perda, o que é incorporado passa a ocupar um lugar no ego, impedindo que haja uma expansão pulsional. Desse modo, a perda não pode ser percebida, elabora e introjetada enquanto experiência de alargamento do ego. Cito as ideias de Cintra (2018) sobre o tema:

> *O processo analítico caminha sempre no sentido de* dar algum destino *aos conteúdos incorporados e encriptados, favorecendo o fluxo afetivo e associativo e permitindo o acesso à narração e à construção de uma história que possa ser processada. Na verdade, os conteúdos incorporados estão tão congelados que só podem ser acessados através da ação de uma outra pessoa: é preciso contar com uma escuta sensível que salve o que se encontra encriptado e congelado através de uma atitude oposta à indiferença e ao desmentido. (Cintra, 2018, p. 87, grifos meus)*

A teoria do trauma será tratada no capítulo 6, com um intenso trabalho de aprofundamento e discussão. Por ora, propus essa construção, por uma outra perspectiva teórica, relacionando *transferência*, *introjeção* e *incorporação*, apenas com o objetivo de demonstrar como esses fenômenos ocorrem no âmbito metapsicológico, produzindo sofrimentos psíquicos que impedem o processo de simbolização. Sobre a questão da melancolia, sugiro a leitura do capítulo "Sándor Ferenczi e William Styron: a ética do cuidado e seus efeitos na depressão", escrito por mim, com a colaboração da prof.ª dr.ª Paula

Regina Peron, publicado no livro “Perto das trevas: a depressão em seis perspectivas psicanalíticas” (2022).

Apenas para elucidar a teoria do casal Abraham & Torok (1995), sugiro a leitura da seguinte narrativa:

> *Na ocasião da pandemia da covid-19, atravessada por mortes e lutos, diversas crianças passaram a apresentar uma série de dificuldades de aprendizagem, acompanhadas de sintomas relacionados ao tédio, à apatia e à depressão. Parecia que elas haviam perdido uma boa parte da sua ‘força vital’. Se tomarmos como base a leitura ferencziana realizada pelo casal Torok, poderíamos supor que muitas estavam ‘incorporando’ aquele contexto que assumia, assim, tonalidades densamente traumáticas. A criança, para poder constituir a sua subjetividade, precisa ‘introjetar’ a realidade, formando uma espécie de mosaico subjetivo com pedaços e fragmentos do mundo externo que são assimilados por ela, através de sua projeção egoica. Nessa experiência de catástrofe, tais fenômenos certamente não podem acontecer, pois não há recursos psíquicos disponíveis para tanto. Nesses casos, entra o papel do psicanalista no campo singular, e da escola no âmbito coletivo, oferecendo, ambos, um espaço de escuta e acolhimento dessas situações indizíveis que poderão ser elaboradas em conjunto. É na partilha da dor que o psiquismo se transforma, desde que exista a presença implicada de alguém que possa favorecer o testemunho do sofrimento.*

Em suma, a introjeção ferencziana *dilata* o ego e abre espaço para a simbolização, na medida em que amplia a nossa capacidade de apreensão da realidade. Laplanche e Pontalis (2001, p. 248), em seu "Vocabulário de Psicanálise", afirmam que Sándor Ferenczi foi o responsável por introduzir o conceito de 'introjeção' na história da psicanálise. Entretanto, apontam como é difícil identificar um significado exato do termo ferencziano, uma vez que ele é utilizado de maneira muito ampla ao longo da sua vasta obra.

Percorrendo tais encontros e desencontros na obra do autor, em uma nota de rodapé, Ferenczi (1909/2011a, p. 100) demonstra sua preocupação com os equívocos que poderiam acontecer em relação à compreensão do seu novo conceito. Escreve que o termo 'transferência', criado por Freud, deveria ser usado para designar as introjeções que se manifestam no decorrer da análise e que visam à pessoa do analista, em virtude da sua excepcional *importância prática*. O termo 'introjeção', por outro lado, convém a todos os outros casos que implicam o mesmo mecanismo. Contudo, será que essa diferença é tão 'simples' assim?

3.3 Novos olhares para o conceito de introjeção

Teresa Pinheiro (2016) destaca a importância do conceito de introjeção para repensarmos a noção de *narcisismo* postulada por Freud (1914), tendo em vista o fato de que Ferenczi coloca a introjeção como um fenômeno *primitivo* e *constitucional*, identificando-o no momento em que o ego do bebê cede às exigências do mundo externo, formando o primeiro amor objetal e o primeiro ódio objetal[6] – como

6 Lembremos que Ferenczi foi o primeiro analista de Melanie Klein, cuidando dela por quase de seis anos (1914-1919). Embora muitos pesquisadores do nosso campo digam que a influência principal no pensamento kleiniano foi feita por seu segundo psicanalista, Karl Abraham, é inegável a semelhança das teses ferenczianas em relação à concepção de *seio bom* e *seio mau* – marca registrada do arcabouço teórico-clínico dessa autora.

vimos anteriormente. A saber, o recém-nascido *introjeta* partes da realidade que se impõem de forma inevitável, alcançando, assim, um certo grau de amadurecimento psíquico.

Em um ensaio mais curto, chamado "O conceito de introjeção" (1912), Ferenczi retoma o tema e o elucida:

> *Eu descrevi a introjeção como a extensão ao mundo externo do interesse, autoerótico na origem, pela introdução dos objetos exteriores na esfera do ego. Insisti nessa "introdução", para sublinhar que considero* todo amor objetal *(ou* toda transferência*) como uma extensão do ego ou* introjeção, *tanto no indivíduo normal quanto no neurótico [...]. Em última análise, o homem só pode amar-se a si mesmo e a mais ninguém; amar a outrem equivale a integrar esse outrem no próprio ego. [...] É essa união entre objetos amados e nós mesmos, essa fusão desses objetos com o nosso ego, que designamos por introjeção e – repito-o – acho que o* mecanismo dinâmico de todo amor objetal e de toda transferência para um objeto é uma extensão do ego, uma introjeção. *(Ferenczi, 1912/2011b, p. 210)*

Portanto, notamos que a introjeção ferencziana é um processo que implica *simultaneamente* o investimento objetal e uma identificação como correlato narcisista, que se configura como um processo primário *organizador*, um movimento psíquico constitutivo e, ao mesmo tempo, defensivo – essencial às primeiras etapas do desenvolvimento psíquico infantil e à constituição da dinâmica da vida amorosa e, por conseguinte, das relações transferenciais. Além disso, esse mecanismo amortece a dor produzida pelos anseios irrealizáveis e garante uma maior posse do objeto, na medida em que o transforma numa extensão do próprio ego. Eis a chave que Freud precisou para abrir a porta de "Luto e melancolia" (1917).

Lembremos que para criador da psicanálise, a melancolia se configura psiquicamente por um profundo e doloroso sentimento de culpa, por uma diminuição na capacidade de amar e pela inibição de qualquer atividade que convoque o sujeito a estabelecer novas relações objetais (Freud, 1917).

Assim, podemos nos perguntar: por que o melancólico se difama e se acusa injustamente? Qual sentido se esconde por trás dos seus sintomas? Freud descobre que as injúrias do sujeito melancólico geralmente se referem à alguma outra coisa e não ao próprio indivíduo. Na melancolia, portanto, o investimento libidinal sobre um objeto perdido é substituído por uma identificação narcísica. "A sombra do objeto caiu sobre o Eu", conforme a conhecida expressão freudiana (1917). Contudo, pressupor a identificação do ego com o objeto abandonado envolve também que uma instância crítica, separada do ego – que mais tarde irá se chamar *superego* –, aplique ao pobre sujeito o mesmo ódio e o mesmo desejo de destruição que o ego nutria pelo objeto que se perdeu (Pinheiro, 2016).

Mezan (1996) explicita que, para Ferenczi, a introjeção não se trata de "simplesmente pôr para dentro, incorporar em si. *Não é um movimento que vem de fora para dentro*, de um objeto que 'está lá' e que, de uma forma ou de outra, vai ser incluído na vida psíquica" (p. 101, grifos meus). Esta é noção usual de introjeção, usada principalmente por Melanie Klein e outros autores kleinianos, mas não é assim que Ferenczi a define. Cito Mezan:

> *Quando Ferenczi fala de introjeção,* o movimento é de dentro para fora. *Ele esclarece perfeitamente que aquilo que chama de "introjeção" é uma* espécie de "abraço" que o ego da criança faz com os objetos. *O resultado*

> *disso, então, não é introduzir os objetos no ego, mantendo, digamos, o perímetro do ego inalterado, e aumentando a densidade populacional das representações de que a pessoa dispõe. Não é um mundo interno, como é o caso de Melanie Klein.* A introjeção dilata o ego e aqui o ego tem o mesmo sentido de psiquismo. *(Mezan, 1996, p. 101, grifos meus)*

E ele continua:

> *Então, se puder, introjeto alguma coisa, por exemplo: colocar a representação deste copo d'água, não como uma cópia dele dentro de mim, mas alargando, digamos, a esfera do meu ego, de forma a passar por trás do copo. Dilatar o ego, a psique, de forma a incluir objetos dentro deles. Não é uma identificação nem um processo de índole oral. Nem uma grande boca psíquica que vai mastigando e incluindo objetos dentro de si. Isto, aliás, permite que ele [Ferenczi] escreva o artigo "Introjeção e transferência", que na verdade deveria se chamar "Introjeção ou transferência", não como excludente, ou isso ou aquilo, ou claro ou escuro, mas como um sinônimo*: introjeção e transferência são praticamente um mesmo processo. *(Mezan, 1996, p. 101, grifos meus)*

Neste ponto, imagino que o leitor tenha dado um "nó em sua cabeça". Como *introjeção* e *transferência* podem ser sinônimos? Lembremos que o próprio Ferenczi fez questão de escrever uma nota de rodapé assinalando a diferença entre esses dois conceitos.

Pois bem, o que acontece é que essa nota do artigo ferencziano não é lá tão explicativa. Digamos que o autor húngaro se "enrola todo" e não consegue distinguir um termo do outro. Só teremos a dimensão da totalidade desse conceito, em ensaios posteriores, como no clássico (e pouco lido): "O desenvolvimento do sentido de realidade e seus estágios" (1913) – que irei explorar no próximo capítulo.

O fato é que a percepção de Ferenczi acerca desse mecanismo psíquico é bastante singular e parte de suas próprias observações clínicas. Vou tentar explicar, do ponto de vista prático, o comentário realizado por Renato Mezan (1996), guiando-me, também, pela contribuição de outros pesquisadores.

Kahtuni & Sanches (2009), no "Dicionário do pensamento de Sándor Ferenczi", afirmam que: "a introjeção é um mecanismo defensivo primitivo através do qual o indivíduo interage com seu meio ambiente, podendo 'absorvê-lo' psiquicamente" (p. 225), e, ainda, "a introjeção é o mecanismo psíquico que tem como protótipo a *incorporação* com base nos fenômenos corporais" (p. 225, grifos das autoras). Aqui, o termo 'incorporação' *não assume* o mesmo significado atribuído pelo casal Abraham e Torok (1995).

Neste sentido, a introjeção ferencziana ganha um *status* corporal, e está ligada diretamente com a percepção e os instintos do indivíduo. De acordo com Mezan (1996), trata-se de algo que o sujeito *abraça* a partir da sua própria subjetividade, e, com esse gesto, *incorpora* parte da realidade externa no seu ego, expandindo-o – 'dilatando-o', na linguagem ferencziana.

Entretanto, discordo completamente de Kahtuni e Sanches, quando defendem que "a introjeção é um mecanismo de defesa". *Não é.* Ao menos para o nosso autor húngaro, pois como apresentei há algumas páginas, *a introjeção é um processo constitutivo*, análogo ao desenvolvimento da subjetividade. É o meio pelo qual o sujeito apreende as vicissitudes do mundo real. Temos, portanto, um caráter *intersubjetivo* que, diga-se de passagem, é uma característica predominante do pensamento ferencziano, ou seja: *a importância atribuída à interação entre o indivíduo e o ambiente*.

Suponho que a formulação desse conceito esteja totalmente ligada à trajetória pessoal de Ferenczi dentro da sua história com a psicanálise. Explico melhor: ao passo em que este autor foi tendo contato com a obra e com a *pessoa* de Freud, ele não apenas *colocou para dentro* os múltiplos sentidos da teoria psicanalítica, mas foi, pouco a pouco, *dilatando* o seu ego, construindo suas próprias percepções e descobertas. Ferenczi foi capaz de criar um estilo único de fazer a clínica, sempre priorizando o estado de sofrimento dos seus pacientes e a sua possível 'melhora'. Ele não se cansava até perceber que a dor psíquica de seus analisandos poderia estar realmente diminuindo, em virtude do seu trabalho terapêutico. Isso fez dele o *enfant terrible* da nossa ciência; admirado por muitos e difamado por outros. Ferenczi *introjetou* a psicanálise, no mesmo sentido que atribuiu ao seu conceito – o que escancara a sua originalidade e ousadia.

Retomando o exemplo de Mezan (1996): eu introjeto alguma coisa quando coloco a representação de algo, *não como uma cópia dele dentro de mim*, mas alargando, digamos, as bordas do meu ego; há uma *implicação* direta.

Ferenczi poderia ter concordado com Freud em tudo, sem se implicar, colocando para dentro todas as recomendações do mestre, de forma passiva e impessoal. Porém, se ele tivesse feito isso, não teríamos o Ferenczi que conhecemos. Ele pegou as teses freudianas, introjetou-as, dilatando a esfera do seu ego. Conseguiu transformar o que era absorvido, com seu toque de pessoalidade. Penso que é por essa via que deve se guiar o processo de construção do conhecimento. E, nesse aspecto, aproveito para lançar uma provocação também às atuais 'formações psicanalíticas'. Será que elas oferecem a possibilidade de expandirmos o nosso ego, ou apenas asseguram um mecanismo *automatizado* de introjeção, no qual *copiamos* aquilo que nos é transmitido?

Talvez, se nos orientássemos por essa descoberta ferencziana, poderíamos repensar o sentido da relação professor-aluno, instituição-estudante, mestre-discípulo, analista-analisando etc. A introjeção de Ferenczi não obedece à dinâmica da *verticalidade*, mas é um grande e complexo *interjogo*, no qual o ego e a realidade externa se envolvem e interagem entre si. Cito Teresa Pinheiro:

> *Outro aspecto importante a ser ressaltado é que Ferenczi propõe a introjeção como sendo oposta à projeção não apenas no sentido da direção em que atuam, mas também porque obedecem a metapsicologias diferentes:* a primeira é um processo, a outra um mecanismo de defesa. *Mas além de antecipação que o conceito de introjeção faz do conceito de narcisismo, ele é a primeira forma de entendimento que Ferenczi fez do aparelho psíquico como um aparelho de linguagem, concepção extremamente moderna para a sua época. (Pinheiro, 2016, p. 32, grifos meus)*

E a autora prossegue com a linha de raciocínio, redigindo um dos pontos centrais de sua tese, que caminha exatamente na mesma perspectiva da minha argumentação. Vejamos:

> *Ferenczi considerou que, unicamente por meio da introjeção, um sentido pode tornar-se passível de ser apropriado. Dito de outra maneira, é a introjeção que, pela inclusão do objeto, faz deste aparelho psíquico um aparelho de linguagem, ou ainda:* é a introjeção que operacionaliza

> esse aparelho de linguagem. *Dessa maneira, subverte também, a noção de relação de objeto para a psicanálise.* (Pinheiro, 2016, p. 32, grifos meus)

O conceito ferencziano nos sinaliza que o sujeito humano é, desde sempre, essencialmente *voltado para o ambiente* em que está inserido. A noção de psiquismo em Ferenczi somente pode ser entendida desta forma e, por isso, a figura do adulto ganha destaque em toda a dimensão do seu pensamento. É por meio da sua capacidade de se apropriar do sentido e, de dispor da interpretação, que o sujeito pode estabelecer uma relação com os outros e consigo mesmo. "Entendemos, portanto, que *a introjeção é uma habilidade humana* tanto quanto a de andar ereto e sobre os dois pés" (Pinheiro, 2016, p. 33, grifos meus).

Assim, a introjeção visa incluir, na esfera psíquica, o universo simbólico do qual o objeto é portador, favorecendo a expansão do ego para a dimensão da cultura, da maturidade e, sobretudo, da aprendizagem. Atribuímos sentido às nossas experiências, na medida em que as transformamos e somos transformados por elas. Diferentemente da perspectiva de Melanie Klein[7], que define a introjeção como algo que diz respeito ao objeto em si, em Ferenczi, o objetivo da introjeção refere-se, sobretudo, à *subjetividade*; trata-se de trazer para o campo psíquico aquilo que o objeto designa como sendo seus sentimentos. Neste âmbito, o objeto funciona apenas como um suporte do universo simbólico que leva consigo. "As representações carregadas de sentido possibilitam ao aparelho psíquico apropriar-se do que lhe falta: *o sentido*" (Pinheiro, 2016, p. 34, grifos meus).

7 Embora, posteriormente, Klein (1946) tenha criado o conceito de 'identificação projetiva' que, por sua vez, nos remete a uma noção, ainda que indireta, de *intersubjetividade* (ver Cintra, 2022).

> *Se tomarmos como exemplo a introjeção do seio, o fundamental nesse processo será a inclusão da noção de prazer ou desprazer desse seio em amamentar. O objeto seio nada mais é que* suporte aos sentimentos, *aos sentidos que traz consigo, estes, sim, essenciais. As primeiras identificações têm como função básica mediar – dando um sentido ao que não tem, possibilitando, assim, uma circulação interna capaz de produzir outros sentidos. (Pinheiro, 2016, p. 34, grifos meus)*

Aos poucos, o psiquismo será capaz de forjar as identificações por 'traços' do objeto, como as descritas por Freud na etiologia da histeria, além de articular, através do fenômeno de 'deslocamento', cadeias de representações no movimento da transferência ou do amor. Dessa maneira, chegamos à hipótese de Mezan (1996), que consiste em aproximar os conceitos *introjeção* e *transferência*.

Caminhando rumo à parte final desta discussão, acho importante resgatar uma breve passagem dos escritos de Ferenczi:

> *Tudo considerado, o fato de as crianças obedecerem a seus pais de bom grado e mesmo com prazer não é uma coisa evidente. Poder-se-ia esperar que eles considerassem as exigências de seus pais visando orientar seu comportamento e atos como uma coerção exterior, portanto uma fonte de desprazer. Com efeito, é esse o caso nos primeiros anos de vida, quando a criança só conhece satisfações autoeróticas. Mas o aparecimento do amor objetal modifica a situação por completo. Os objetos de amor são introjetados ao ego. A criança ama seus pais, ou seja, identifica-se com eles [...]. Nessas condições, a obediência deixa de ser um*

> *desprazer [...]. Naturalmente, essa obediência espontânea tem um limite que varia segundo os indivíduos e, quando esse limite é transposto pelas exigências dos pais, quando a pílula amarga da coerção não está envolta na doçura do amor, a criança retira prematuramente sua libido dos pais, o que pode levar a uma* perturbação brutal do desenvolvimento psíquico. *(Ferenczi, 1909/2011a, pp. 114-115, grifos meus)*

Em síntese: no princípio da vida, a criança só conhece satisfações autoeróticas. Em seguida, com o surgimento dos objetos de amor, ela passa a introjetá-los e, finalmente, amando seus cuidadores, ela será capaz de criar identificações que se manifestam ao longo de toda sua existência, inconscientemente, pela formação dos laços (e embaraços) transferenciais. A dinâmica dessas 'engrenagens psíquicas' é essencial para a *expansão* do ego infantil.

Via de regra, essa supervalorização dos pais e a tendência para a obediência cega desaparecem na adolescência. Mas, segundo Ferenczi (1909), a necessidade de submissão persiste. Todavia, o lugar dos pais é reassumido pelos professores e por outras figuras importantes, como os colegas de escola, chefes, e líderes religiosos ou políticos. No entanto, "[...] quando a pílula amarga da coerção não está envolta na doçura do amor, a criança retira prematuramente sua libido dos pais, o que pode levar a uma *perturbação brutal do desenvolvimento psíquico*" (Ferenczi, 1909/2011a, p. 115, grifos meus).

Costurando estes fios com as tramas da nossa realidade atual, observamos, hoje, a dois grandes modelos de educação presentes nos núcleos familiares: 1) pais altamente permissivos que se sentem perdidos ao apresentar *limites* aos filhos; 2) pais rígidos e controladores que exigem demais e adoecem suas crianças, impulsionados por uma demanda de excelência, predominante na nossa cultura neoliberal. Esse último panorama se revela ainda mais problemático na adolescência, pois temendo 'perder' os filhos para as mazelas do mundo, muitas famílias entram em conflito com os jovens, estabelecendo regras rígidas que caracterizam a "pílula amarga da coerção". Com isso, o mecanismo de introjeção fica comprometido, dificultando os processos de identificação e transferência, como acontece na situação a seguir:

> *Fui procurado pela mãe de Marcos, 17 anos, para o início de um tratamento psicanalítico, devido às coisas que o rapaz estava fazendo "escondido". Dentre a lista apontada, estava o uso recreativo de maconha, na companhia de alguns amigos do condomínio e da escola. Os pais do garoto passavam a maior parte do dia trabalhando e, quando chegavam, no início da noite, reviravam os pertences pessoais de Marcos em busca de algum vestígio da substância. Logo em nossa primeira sessão, o jovem – que havia estabelecido uma boa relação transferencial comigo – se queixou do excesso de controle exercido especialmente por sua mãe e apontou, de modo paradoxal, a ausência dos pais como um fator negativo no seu cotidiano. Reclamou da falta de "abertura" para o diálogo com a sua família e mencionou que todas as vezes em que eles se reuniam para conversar, os encontros terminavam em grandes discussões e desentendimentos. Por último, Marcos declarou que só fazia uso de maconha para "irritar os seus pais", pois, na sua opinião, eles tinham uma cabeça muito "fechada" e não se dispunham a pensar sobre o assunto.*

Por meio de condutas como as do relato acima, muitos filhos acabam se afastando das referências familiares e deixam de enxergá-las como modelos de admiração e confiança. Esse distanciamento beneficia o surgimento de um estado de *vulnerabilidade*, arremessando os adolescentes para o precipício das 'más influências' externas (drogas, álcool, criminalidade etc.). Na conhecida expressão popular: "*o tiro sai pela culatra*"; quanto mais os pais tentam segurar as rédeas, mais os jovens escapam das suas mãos, rebelando-se contra eles.

Muitas vezes, as preocupações e os desejos dos adolescentes dizem mais de nós do que deles, pois é duro assistir à reprise das angústias e das incertezas pelas quais passamos. Tomados pelos nossos próprios fantasmas, não os ajudamos, ficamos apenas entorpecidos pelos ecos do passado, indiferentes ao que eles estão, de fato, nos dizendo. Em resumo, a questão crucial para ajudar os jovens é ter pensado, elaborado e *introjetado* a nossa própria adolescência.

Por fim, as ideias de Ferenczi nos levam a refletir acerca da importância do papel da *introjeção*, da *identificação* e da *transferência*, como propriedades inseparáveis do amadurecimento humano. O autor húngaro amplia o sentido de uma série de conceitos que, antes dele, eram somente destinados ao território da clínica psicanalítica.

Referências

Abraham, N. & Torok, M. (1995). *A casca e o núcleo.* Escuta.

Almeida, A. P. & Peron, P. R. (2022). Sándor Ferenczi e William Styron: a ética do cuidado e seus efeitos na depressão. In A. P. Almeida & A. Naffah Neto (Orgs.), *Perto das trevas: a depressão em seis perspectivas psicanalíticas.* Blucher.

Cintra, E. M. U. (2018). Introjeção, incorporação e identificação com o agressor: considerações a partir de Sándor Ferenczi. *Ide*, *40*(66), 81-98. http://pepsic.bvsalud.org/scielo.php?script=sci_arttext&pid=S0101-31062018000200009&lng=pt&tlng=pt.

Cintra, E. M. U. (2022). Onde vivem as pulsões e seus destinos: uma reflexão. In L. Fulgencio & D. Gurfinkel (Orgs.), *Relações e objeto na psicanálise: ontem e hoje.* Blucher.

Berenstein, I. (2018). A transmissão geracional na escuta clínica dos sintomas à introjeção. *Comunicação no II Colóquio Internacional da Rede Interuniversitária de Grupo e Vínculos.* Recuperado em Anais de Resumos do Colóquio Internacional da Rede Universitária Grupos e Vínculos Intersubjetivos: http://pepsic.bvsalud.org/scielo.php?script=sci_arttext&pid=S0101-31062018000200009&lng=pt&tlng=pt.

Birman, J. (1996). Freud e Ferenczi: confrontos, continuidades e impasses. In C. S. Katz (Org.), *Ferenczi: história, teoria, técnica.* Editora 34.

Ferenczi, S. (2011a). Transferência e introjeção. In S. Ferenczi, *Obras completas* (vol. 1). Martins Fontes. (Trabalho originalmente publicado em 1909)

Ferenczi, S. (2011b). O conceito de transferência. In S. Ferenczi, *Obras completas* (vol. 1). Martins Fontes. (Trabalho originalmente publicado em 1912)

Ferenczi, S. (2011c). O desenvolvimento do sentido de realidade e seus estágios. In S. Ferenczi, *Obras completas* (vol. 2). Martins Fontes. (Trabalho originalmente publicado em 1913)

Ferenczi, S. (2011d). Confusão de línguas entre os adultos e a criança. In S. Ferenczi, *Obras completas* (vol. 4). Martins Fontes. (Trabalho originalmente publicado em 1913)

Freud, S. (2021). *Histórias clínicas, Obras incompletas de Sigmund Freud.* Autêntica.

Freud, S. (2010a). Introdução ao narcisismo. In S. Freud, *Obras completas* (vol. 12). Companhia das Letras. (Trabalho originalmente publicado em 1914)

Freud, S. (2010b). Luto e melancolia. In S. Freud, *Obras completas* (vol. 12). Companhia das Letras. (Trabalho originalmente publicado em 1917)

Freud, S. (2016). Análise fragmentária de uma histeria ("O caso Dora", 1905 [1901]). In S. Freud, *Obras completas* (vol. 6). Companhia das Letras. (Trabalho originalmente publicado em 1905)

Gay, P. (2012). Freud: uma vida para o nosso tempo. Companhia das Letras.

Kahtuni, H. C. & Sanches, G. P. (2009). *Dicionário do pensamento de Sándor Ferenczi: uma contribuição à clínica psicanalítica contemporânea.* Campus/Elsevier/Fapesp.

Klein, M. (1996a). O desenvolvimento de uma criança. In *Amor, culpa e reparação e outros trabalhos.* Imago. (Trabalho originalmente publicado em 1921)

Klein, M. (1996b). Notas sobre alguns mecanismos esquizoides. In *Inveja e gratidão.* Imago. (Trabalho originalmente publicado em 1946)

Kupfer, M. C. (2007). *Freud e a educação: o mestre do impossível.* Scipione.

Mezan, R. (1996). O símbolo e o objeto em Ferenczi. In C. S. Katz (Org.), *Ferenczi: história, teoria, técnica.* Editora 34.

Pinheiro, T. (2016). *Ferenczi.* Casa do Psicólogo.

4. O desenvolvimento do sentido de realidade e a construção simbólica

4.1 O desenvolvimento do sentido de realidade

> *O desenvolvimento do sentido de realidade apresenta-se em geral como uma série de sucessivos impulsos de recalcamento, aos quais o ser humano é forçado pela necessidade, pela frustração que exige adaptação, e não por "tendências para a evolução" espontâneas.*
>
> Ferenczi, 1913/2011a, p. 59

O artigo de Ferenczi "O desenvolvimento do sentido de realidade e seus estágios" (1913/2011a), considerado "pioneiro no estudo do desenvolvimento das capacidades adaptativas do ego" (Levy, 2022, p. 79), apresenta uma espécie de continuidade e extensão das suas ideias acerca do conceito de "introjeção". Encontram-se nele as sementes germinativas do que "Winnicott descreverá posteriormente, com mais detalhes e riqueza, sobre a ilusão de onipotência propiciada pelos pais à criança pequena e a passagem da subjetividade à objetividade" (Levy, 2022, p. 79).

O psicanalista húngaro toma como ponto de partida e de referência o ensaio freudiano: "Formulações sobre os dois princípios do funcionamento psíquico" (1911/2010). Analisando este escrito, Ferenczi salienta que Freud, ao descrever a passagem do princípio do prazer para o princípio da realidade, não especificou se isso ocorre imediatamente ou gradualmente e, nesse último caso, como se daria (Levy, 2022). Deste modo, ele se propõe a enumerar os vários estágios da *perda da onipotência*, desde o nascimento até a vida adulta.

Pois bem, Ferenczi (1913) inicia o seu trabalho mencionando características comuns dos sintomas dos obsessivos. Segundo o autor, com base nas descobertas freudianas, esses indivíduos reconhecem que não podem desfazer-se de sua crença na onipotência de seus pensamentos, dos seus sentimentos e dos seus desejos bons ou maus. Por mais *racionais* que sejam, eles nutrem uma sensação inconsciente de que os seus desejos possam vir a se realizar. "O obsessivo . . . tem a impressão de que a felicidade e a infelicidade dos outros, inclusive sua vida e morte, dependem de algumas de suas ações e de seus processos de pensamento, inofensivos em si mesmos" (Ferenczi, 1913/2011a, p. 46).

Sendo assim, ele (o obsessivo) é impelido a evocar certas 'fórmulas mágicas' ou a executar uma ação determinada: caso contrário, um grande infortúnio acontecerá a alguma pessoa próxima. "Essa convicção intuitiva e supersticiosa nem sequer é abalada por repetidas experiências que a desmentem" (Ferenczi, 1913/2011a, p. 46).

E o autor conclui: "A neurose obsessiva é um retorno da vida psíquica a uma etapa infantil do desenvolvimento" (p. 47), caracterizada, entre outras coisas, por um movimento de evitação da fonte de desprazer ou a aproximação da fonte de prazer. Em consequência de uma inibição do desenvolvimento – que Freud chamou de 'fixação', em 1905, no texto "Três ensaios . . ." –, uma parte da vida psíquica do obsessivo, mais ou menos subtraída à sua consciência, permaneceu nessa etapa infantil; por isso a semelhança entre o desejo e a ação (típica do psiquismo das crianças).

"Ora, se eu penso e em seguida acontece, eu preciso realizar uma série de rituais (simbólicos ou práticos) para evitar certas ocorrências", cogita o pobre obsessivo que se torna escravo de seus infinitos deveres.

Entretanto, essa explicação do sentimento de onipotência como *fenômeno autossimbólico* não satisfez Ferenczi inteiramente, levando-o a indagar: "onde a criança adquiriu a audácia suficiente para assimilar pensamento e ação?" (Ferenczi, 1913/2011a, p. 47).

> *É inevitável, aqui, não recordar as minhas próprias vivências infantis. Quando eu era pequeno, uma das minhas brincadeiras preferidas era a de simular os poderes dos super-heróis: a capacidade de mover objetos com a mente; a sensação de possuir uma força física descomunal; a experiência de sobrevoar os cômodos da casa; a habilidade de ler e adivinhar os pensamentos dos outros etc. Esses exemplos configuram o sentimento de onipotência da criança e se manifestam de maneira tão frequente nas diversas formas do brincar – desde que haja um ambiente favorável para isso.*

O nosso autor não se contenta com as explicações já existentes acerca do processo da construção simbólica e da passagem do princípio de prazer para o princípio de realidade. "Freud qualifica de ficção uma organização que seria escrava do princípio de prazer e desprezaria a realidade do mundo externo e é, no entanto, – diz ele – praticamente o que acontece com o bebê, desde que se levem em conta os cuidados maternos" (Ferenczi, 1913/2011a, p. 48). Ferenczi acrescenta que, do seu ponto de vista, existe um estado do desenvolvimento humano que realiza esse ideal submetido *unicamente* ao prazer, não apenas na imaginação, mas na *realidade* e de *modo efetivo*. Estou me referindo ao período da vida passado no interior do corpo materno.

> *Para o ser nascente mal existe "um mundo externo"; todos os seus desejos de proteção, de calor e de alimento estão assegurados pela mãe. . . . A sobrevivência do feto, pelo contrário, incumbe inteiramente à mãe. Portanto, o ser humano tem uma vida psíquica, mesmo inconsciente, no corpo materno – e seria absurdo acreditar que o psiquismo só começa a funcionar no momento do nascimento –, ele deve ter, pela própria circunstância de existir, a impressão de que é realmente* onipotente. *Pois o que é onipotência? É a impressão de ter tudo o que se quer e de não ter mais nada a desejar. (Ferenczi, 1913/2011a, p. 48, grifos do autor)*

Ferenczi nos cativa com suas observações profundas e sensíveis, descrevendo fenômenos que, por mais simples que pareçam, passam despercebidos diante de nossos olhos cansados. Seguindo a linha de raciocínio ferencziana, notamos que a "megalomania da criança" quanto à sua própria onipotência não é, portanto, *pura* ilusão; a criança e o obsessivo nada pedem de impossível à realidade, quando sustentam com firmeza que seus desejos devem cumprir-se; eles apenas exigem a volta de um estado que *existiu* em outro momento – o retorno dos "bons tempos" em que eram onipotentes.

A esses "bons tempos" que se dão no interior do útero materno, Ferenczi (1913/2011a) nomeia de *período da onipotência incondicional* – retratado preciosamente pela arte dos poetas:

Criança
Quando a criança era criança,
andava balançando os braços,
queria que o riacho fosse um rio,
que o rio fosse uma torrente
e que essa poça fosse o mar.

Quando a criança era criança, não sabia que era criança,
tudo lhe parecia ter alma,
e todas as almas eram uma.

(Trechos do poema "Canção da infância" de Peter Handke)[1]

Após essa primeira 'quebra' do sentimento de onipotência, Ferenczi afirma que o bebê terá dificuldades para adaptar-se à essa nova realidade, que é sentida por ele como uma fonte de desprazer. No entanto, "As pessoas que cuidam da criança compreendem instintivamente esse desejo e, assim que manifesta seu desprazer com choro e agitação, colocam-na em condições que se aproximam o mais possível da situação intrauterina" (Ferenczi, 1913/2011a, pp. 49-50); ou pelo menos é assim que deveria ser e, nesse ponto, identificamos as bases que sustentam a *ética do cuidado* na teoria ferencziana.

O autor prossegue e nos diz que no *plano do pensamento*, os gritos de angústia, o choro de aflição e a agitação da criança constituem uma reação à perturbação gerada pela ausência de adaptação do meio. Haveria, assim, o reinvestimento alucinatório do estado de satisfação perdido. Do ponto de vista subjetivo do bebê, a onipotência incondicional de que desfrutava até então tem que se transformar, na medida em que precisa investir o que deseja de modo alucinatório

1 Disponível em: https://lunetas.com.br/poemas-sobre-infancia/ (Acesso em dezembro de 2022).

(representar), mas *sem ter que modificar* nada no mundo exterior. Em síntese: a simples representação da sua satisfação é sentida como uma força onipotentemente poderosa. No entanto, é inevitável o surgimento da *frustração*, pois o ambiente não está sempre pronto para atender à demanda infantil.

> *Não tendo, por certo, nenhuma noção do encadeamento real de causas e efeitos, nem da existência e atividade das pessoas que cuidam dela, a criança é levada a sentir-se na posse de uma força mágica, que é capaz de concretizar todos os seus desejos mediante a simples representação de sua satisfação. (Ferenczi, 1913/2011a, p. 50)*

Trata-se do *período da onipotência alucinatória mágica*. É importante que nesta ocasião as pessoas encarregadas de cuidar da criança consigam "adivinhar" suas alucinações. Dessa forma, a criança se acalma e adormece. Acompanhemos Ferenczi:

> O primeiro sono *é, portanto,* a reprodução bem-sucedida da situação intrauterina que preserva, tanto quanto possível, das excitações externas, *com a provável função biológica de concentrar a totalidade da energia nos processos de crescimento e regeneração, sem ser perturbado por uma tarefa exterior a realizar. Considerações que não podem ser expostas neste contexto convenceram-me de que o mesmo sono posterior nada mais é senão uma regressão periódica e repetida ao estágio de onipotência alucinatória mágica e, por esse intermédio, à onipotência absoluta da situação intrauterina. Segundo Freud, cabe supor em todo sistema que vive segundo o princípio de prazer a posse de mecanismos que lhe permitam escapar*

> *aos estímulos da realidade. Parece que o sono e o sonho são as funções preenchidas por esses mecanismos, ou seja, os resíduos da onipotência alucinatória da criança pequena que subsistem na vida adulta. O equivalente patológico dessa regressão seria a realização alucinatória dos desejos nas psicoses. (Ferenczi, 1913/2011a, p. 51, grifos do autor)*

Tomando como norte as ideias presentes na citação anterior, fui acometido pela lembrança de um paciente, deprimido e desvitalizado, que dizia dormir com bastante frequência, por longas horas do dia, para tentar se esquecer dos problemas e das obrigações do cotidiano. Traçando uma analogia com a descrição ferencziana e, longe de querer propor uma 'psicanálise selvagem', poderíamos supostamente pensar na origem desse 'excesso de sono' como um recurso psíquico inconsciente de 'regressão' ao estado de onipotência absoluta, vivenciado na situação intrauterina. Esse mesmo paciente necessitava de um tempo maior em suas sessões, pois quando entrava em contato com situações complexas da sua realidade objetiva, precisava permanecer no divã, deitado em posição fetal, narrando essas experiências tão difíceis de serem enfrentadas por ele. Era comum, em seu discurso, a repetição da frase: "gostaria de voltar a ser criança e viver naquela época em que tudo era mais leve".

Vale ressaltar, porém, como o desejo de satisfações pulsionais surge periodicamente sem que o mundo externo tenha conhecimento do instante em que ele se manifesta, a representação alucinatória da realização do desejo *não* será suficiente para propiciar a sua realização propriamente dita, que passa, assim, a ser vinculada a uma nova condição:

> *. . . a criança deve produzir certos sinais, por conseguinte, efetuar um trabalho motor, mesmo inadequado, a fim de*

> *que a situação se modifique no sentido de seus desejos e de que a "identidade de representação" seja seguida pela "identidade de percepção satisfatória". O estágio alucinatório já se caracterizava pelo aparecimento de descargas motoras descoordenadas (gritos, agitação) no momento em que surgiam afetos de desprazer. A criança utiliza agora essas descargas como sinais mágicos, cuja emissão realiza prontamente a percepção da satisfação (naturalmente graças a uma ajuda externa,* da qual a criança não tem, aliás, a menor suspeita*). (Ferenczi, 1913/2011a, p. 51, grifos meus)*

Neste sentido, o que a criança sente subjetivamente no decorrer desses processos assemelha-se, provavelmente, ao que experimenta um poderoso feiticeiro, que apenas precisa fazer um *gesto* para controlar ou modificar o mundo externo. Contudo, convém assinalar que a onipotência do ser humano está vinculada a condições cada vez mais diversas, ao mesmo tempo que aumenta a complexidade dos seus desejos. Aos poucos, essas manifestações de descargas motoras não bastam mais para provocar o estado de satisfação. O bebê começa a imitar os sons que ouve ao seu redor e aprende a estender a mão para os objetos que cobiça. Resulta daí uma verdadeira *linguagem gestual*: por uma combinação de gestos, o infante torna-se capaz de expressar necessidades muito específicas. Caso esses gestos, em sua maior parte, sejam atendidos pelo meio cuidador, a criança continua vivendo em conformidade com a sua crença onipotente.

Estamos diante do *período da onipotência com a ajuda de gestos mágicos*. Na vida psíquica normal, os inúmeros gestos supersticiosos representam resíduos dessa etapa do desenvolvimento.

Porém, nossos desejos não cessam e continuam a se desdobrar em um processo evolutivo crescente. Aos poucos, a mão estendida retorna vazia e o objeto cobiçado não acompanha o 'gesto mágico'. Se até então a criança onipotente podia sentir-se 'em sintonia' com o universo que lhe obedecia e seguia os seus sinais, uma discordância dolorosa vai produzir-se gradativamente no âmago de sua vivência. O infante é obrigado a distinguir do seu ego, certas coisas que resistem à sua vontade, constituindo, assim, o *mundo externo*. Dito de outra forma: o indivíduo "separa os conteúdos psíquicos subjetivos (sentimentos) dos conteúdos objetivos (impressões sensoriais)" (Ferenczi, 1913/2011a, p. 53). Vejamos as explicações de Ferenczi:

> *Chamei antes* fase de introjeção *do psiquismo ao primeiro desses estágios, quando todas as experiências ainda estão incluídas no ego, e* fase de projeção *ao estágio que lhe segue. De acordo com esta terminologia, poderíamos designar os estágios de onipotência como* fases de introjeção, *e o estágio de realidade como* fase de projeção *do desenvolvimento do ego. (Ferenczi, 1913/2011a, p. 53, grifos do autor)*

Na última frase do fragmento acima notamos uma informação de grande importância: a criança aprende a contentar-se com o fato de dispor apenas de uma parte do mundo, o "ego" que – conforme estudamos no capítulo precedente –, vai se *dilatando* ao passo em que realiza inúmeras *introjeções*. Porém, a outra 'parte do mundo externo' frequentemente *resiste* aos desejos infantis, mas isso não impede que as crianças continuem investindo qualidades que descobrem em si mesmas na realidade objetiva, ou seja, atributos do seu *próprio ego*.

Resumidamente: o infante modifica e interage com o mundo externo através de sua subjetividade, por meio de introjeções. Ferenczi (1913/2011a, p. 54) nomeia essa fase de *período animista*, em que as coisas se apresentam à criança pequena como animadas;

elas atribuem suas funções corporais aos objetos e aos elementos da natureza. O autor, com certo sarcasmo, afirma:

> *Foi feito, certa vez, contra a psicanálise, o comentário irônico de que, segundo essa teoria, o "inconsciente" veria em todo objeto convexo um pênis e em todo objeto côncavo uma vagina ou um ânus. Na minha opinião, essa sentença define muito bem as coisas. O psiquismo da criança (e a tendência do inconsciente que subsiste no adulto) confere – no que se refere ao próprio corpo – um interesse inicialmente exclusivo, mais tarde preponderante, pela satisfação de suas pulsões, pelo gozo que lhe propiciam as funções de excreção e atividades tais como chupar, comer, tocar as zonas erógenas. . . . Assim se estabelecem essas relações profundas, persistentes a vida inteira, entre corpo humano e o mundo dos objetos, a que chamamos* relações simbólicas. *(Ferenczi, 1913/2011a, p. 54, grifos do autor)*

Nesse estágio, a criança percebe a realidade reproduzindo sua *corporalidade* e aprende a figurar, por meio de seu corpo, toda a diversidade do mundo externo. Essa conduta representa um aperfeiçoamento importante da linguagem gestual e, por conseguinte, da capacidade simbólica infantil. "Se a criança é tratada com amor, não será obrigada, mesmo nesse estágio de sua existência, *a abandonar sua ilusão de onipotência*" (Ferenczi, 1913/2011a, p. 54, grifos meus). É só conceber simbolicamente um objeto para que a coisa (percebida como animada) "venha" até ela – essa é a percepção do infante quando seus desejos são satisfeitos.

Um dos "meios" físicos utilizados pela criança para dar formas e contornos aos seus desejos é a *linguagem*. De modo progressivo, o simbolismo gestual é substituído pelo simbolismo verbal. Trata-se do ponto de partida para um importante avanço, pois "a linguagem torna possível o pensamento consciente na medida em que, associando-se aos processos de pensamento, em si mesmos inconscientes, confere-lhes qualidades perceptíveis" (Ferenczi, 1913/2011a, p. 55).

Com efeito, "o pensamento consciente por meio de signos verbais é, portanto, *a mais alta realização do aparelho psíquico*, a única que permite a adaptação à realidade, *retardando a descarga motora* reflexa e a libertação do desprazer" (Ferenczi, 1913/2011a, p. 55, grifos meus).

O infante ainda preserva, mesmo nessa fase, seu sentimento de onipotência, pois os seus desejos ainda são pouco numerosos e relativamente simples, favorecendo que o meio, atento e empenhado, possa identificar a maior parte deles. "As mímicas que acompanham em geral o pensamento (sobretudo nas crianças) *facilitam muito* para os adultos essa espécie de leitura dos pensamentos" (Ferenczi, 1913/2011a, p. 56, grifos meus). Todos esses fenômenos colaboram para que a criança acredite ter o dom de "poderes mágicos". Na perspectiva ferencziana, esse é o *período dos pensamentos e palavras mágicos*.

É para esse estágio do sentido de realidade que parecem regredir os neuróticos obsessivos, incapazes de se desfazerem do sentimento de onipotência dos seus pensamentos ou fórmulas verbais. Por outro lado, na magia, no culto religioso e nas superstições, a fé no poder de certas preces, orações, pragas e maldições desempenha um papel extremamente relevante, assinalando certa 'fixação' nessa etapa do amadurecimento.

Para Ferenczi, as crianças vivem na feliz ilusão da onipotência de que, efetivamente, se beneficiaram outrora. Conforme a constância dos cuidados ambientais, elas podem conservar esses sentimentos de onipotência ao longo da vida, tornando-se pessoas *otimistas*, ou, de modo oposto, podem entrar para o time dos *pessimistas*, que jamais aceitam renunciar aos desejos inconscientes irracionais, sentindo-se ofendidos e rejeitados pelas razões mais fúteis, considerando-se desprovidos de sorte.

Entretanto, é apenas depois que a criança fica completamente *desligada* de seus pais no plano psíquico, que *cessa* o reinado do princípio de prazer. É também nessa ocasião, que o sentimento de onipotência cede lugar ao pleno reconhecimento do peso da realidade objetiva.

Casimiro de Abreu, em um dos seus poemas mais belos, intitulado "Risos" (1858), traduz em versos o que eu descrevi em teoria:

> *Ri, criança, a vida é curta,*
> *O sonho dura um instante.*
> *Depois... o cipreste esguio*
> *Mostra a cova ao viandante!*
> *(Abreu* apud *Silveira, 1999, p. 351)*

Por um lado, temos o frescor da infância, agraciado pelo sentimento de onipotência; por outro, temos o princípio de realidade, permeado pelas frustrações e pelos limites. Ao fim e ao cabo, a viagem nos conduz sempre ao mesmo lugar e, assim, a criança está destinada a chorar até em um poema que leva o título "Risos". Porém, esse percurso vertiginoso e repleto de oscilações, não seria um resumo do próprio enfrentamento da vida?

Reconhecer que os nossos desejos e pensamentos possuem fronteiras precisamente demarcadas significa, segundo Ferenczi, o máximo de *projeção normal*. Nos casos de patologia, por exemplo, como na paranoia, o indivíduo transfere partes do ego para o mundo externo, *projetando em excesso*. Podemos "situar o ponto de fixação dessa psicose na época da renúncia definitiva à onipotência, ou seja, na fase de projeção do sentido de realidade" (Ferenczi, 1913/2011a, p. 57).

Grosso modo, desde o nascimento é preciso abandonar uma condição de plenitude para assumir um lugar de falta, de ausência. Isso é necessário à saúde psíquica, diga-se de passagem. Aprendemos a nos adaptar aos outros e, lentamente, adquirimos a capacidade de ampliar o nosso repertório simbólico. Jean-Michel Petot (2008) nos dirá que Ferenczi será autor da tese – que representa uma revolução em nossa disciplina – de que os objetos do mundo externo não interessam à criança no princípio: ela não os percebe, não os pensa, até que possa estender a eles a sua libido (por meio da *introjeção*). Tais ideias são amplamente desenvolvidas por D. W. Winnicott,[2] no decorrer de toda a sua teoria do desenvolvimento maturacional – assunto abordado em nosso volume 2.

A seguir, pretendo demonstrar a compreensão ferencziana no que tange à formação dos símbolos, tema fundamental para refletirmos sobre a relação ensino-aprendizagem e, também, sobre os impasses que atravessam a nossa prática terapêutica.

4.2 A ontogênese dos símbolos

Antes de iniciar este item, proponho ao leitor, para fins didáticos, que resgatemos os vários estágios pelos quais passa o indivíduo

---

2 Fulgencio (2022) afirma que: "Magret Tonnesmann (2002) considera que tanto Ferenczi quanto Winnicott teriam, cada um à sua maneira, ressaltado a importância da provisão ambiental (da relação com a mãe) para a constituição do ego, em especial no que se refere à semelhança que existe entre a *criação* do seio pelo bebê, para Winnicott, e o estágio da *alucinação* mágica onipotente, para Ferenczi. A questão que, creio, deve ser colocada é a diferença entre *criar* o seio e *alucinar* o seio, dado que a ação de alucinar um objeto implica um tipo de amadurecimento cognitivo que talvez falte ao bebê" (p. 113).

na sua trajetória de perda da onipotência, apontados na descrição realizada por Ferenczi. São eles: 1) período da onipotência condicional; 2) período da onipotência alucinatória mágica; 3) período da onipotência com a ajuda de gestos mágicos; 4) período animista; 5) período dos pensamentos e das palavras mágicas.

Cabe dizer que o *extenso* caminho entre o autoerotismo e a linguagem verbal normalmente se dará aos trancos, com perturbações, porque o mundo externo nem sempre é acolhedor. Na medida em que a realidade se amplia e o desejo se impõe, a onipotência vai perdendo sua força. Não basta mais apenas desejar para que as coisas aconteçam e, posteriormente, tampouco será suficiente apontar o dedo para receber o que é desejado. Pior que isso: há grandes chances de virem coisas erradas, ou melhor, não esperadas pela criança. Logo, é *imprescindível* falar. Esse é o último e mais sofisticado recurso diante do desejo que não se acalma jamais.

Nesse sentido, cito Teresa Pinheiro:

> *O simbolismo gestual é obrigado a ser substituído pelo simbolismo verbal. É esse ambiente que antes atendia a tudo que começa a fracassar e a impor a linguagem verbal que, segundo Ferenczi, é a única que permite a adaptação à realidade, retardando a descarga motora reflexa e a liberação do desprazer. A palavra ganha aí um estatuto específico de tampão para a impossibilidade de completude. O ato de representar verbalmente passa a ser algo imposto pelo meio simbólico, além de ter a função de aplacar a angústia, o desamparo e de dar um freio à pulsão de morte. . . . E isso é possível graças à ambivalência que o objeto necessariamente evoca. (Pinheiro, 2016, p. 43)*

Contudo, a fala seria a nossa única forma de expressão simbólica? Como lidar, no terreno da clínica e no campo escolar, com sujeitos que falam pouco ou quase nada? Esses indivíduos poderiam ser caracterizados como portadores de um psiquismo empobrecido simbolicamente?

Parece-nos que a descoberta de Ferenczi sinaliza que a voz, os gestos, a expressão corporal encarnam um tipo de comunicação que, até então, era desprezado pelo nosso campo. Ao analista compete, portanto, estar atento "às pequenas percepções que leva à dissolução da espessura ilusória do eu, para fazer coexistir afetos descosidos, paradoxais, abrindo espaço para múltiplas intensidades. Isto implica sentir de outra maneira, sentir de todas as maneiras" (Reis, 2022, p. 126). Elaboro melhor essa reflexão nas linhas a seguir.

*

Ainda no ano de 1913, Ferenczi escreve outro potente artigo: "Ontogênese dos símbolos". Nele, o autor dirá que a criança, tal como o inconsciente, identifica duas coisas diferentes com base numa semelhança ínfima e desloca facilmente seus afetos de uma para outra, atribuindo-lhes o mesmo nome. "Portanto, esse nome é o representante muito condensado de um grande número de coisas particulares , fundamentalmente diferentes, mas que têm certa semelhança (mesmo longínqua) e, por esse fato, são identificadas entre si" (Ferenczi, 1913/2011b, p. 115). Ao mesmo tempo que desenvolve o sentido de realidade na criança, ela é levada a *decompor* progressivamente esses elementos condensados, distinguindo suas respectivas semelhanças e diferenças.

Por exemplo, quando está aprendendo a falar, não é raro observamos um bebê que chama qualquer cachorro de "au-au". Posteriormente, esse mesmo bebê, ao se deparar com outros animais que, de alguma forma, se assemelham a um cachorro – como gatos, coelhos, raposas etc. –, também passa a referir-se a eles como "au-au". Tal atitude se altera quando a criança percebe que cada um desses bichos possui suas devidas particularidades. Essa mudança psíquica leva o pequeno sujeito a aprender outros nomes, em consonância com o senso de realidade. Eis aí a decomposição dos elementos 'condensados'.

É interessante observar que Ferenczi tinha uma habilidade singular de intuir novos horizontes para antigos problemas – e isso é notável em toda a extensão de sua obra. Trata-se, pois, de uma envergadura para subverter o usual, de apreender um novo ângulo de uma questão, diretamente ligada à vivência do outro e na sutileza da observação.

"Para ele, não bastavam confirmações práticas de sua teoria; a prática sempre o instigava a buscar subversões no seu fazer teórico, sempre no sentido de *sofisticar sua atenção ao sofrimento humano*" (Gondar & Tucci, 2018, p. 178, grifos meus). O rigor conceitual e a devoção à pesquisa são as marcas registradas do arcabouço ferencziano. Neste mesmo ensaio de 1913, o autor se preocupa em definir precisamente o conceito de símbolo para a psicanálise:

> *Só podemos considerar símbolos, no sentido psicanalítico do termo, as coisas (representações) que chegam à consciência com um investimento afetivo que a lógica não explica nem justifica, e cuja análise permite estabelecer que elas devem essa sobrecarga afetiva a uma identificação* inconsciente *com uma (o símbolo) outra coisa (representação), à qual pertence efetivamente esse suplemento efetivo. Por conseguinte,* nem toda comparação é um símbolo, *mas unicamente aquela da qual um dos termos está recalcado no inconsciente. . . . A experiência psicanalítica ensina-nos, de fato, que a principal condição*

> *para que surja um verdadeiro símbolo* não é de natureza intelectual, mas afetiva, *embora a intervenção de uma insuficiência intelectual seja igualmente necessária à sua formação. (Ferenczi, 1913/2011b, p. 116, grifos meus)*

O nosso autor afirma sem hesitar: "a principal condição para que surja um verdadeiro símbolo não é de natureza intelectual, mas *afetiva*" – o que evidencia a preocupação de Ferenczi em relação à importância dos *aspectos afetivos* para a construção da subjetividade humana. Sendo assim, o valor do *cuidado* já se manifesta nesses escritos, ainda que de forma indireta.

Enquanto a necessidade não obriga a criança a adaptar-se e, consequentemente, a tomar consciência da realidade, ela se preocupa primeiro, de modo exclusivo, com a satisfação das suas pulsões, ou seja, com as partes do seu corpo que são o suporte dessa satisfação, com os objetos capazes de suscitá-la e com os atos que a provocam. São 'pedaços do corpo' que reagem a uma excitação sexual, nomeados por Freud de "zonas erógenas", como, por exemplo, a boca, o ânus e os genitais. Assim se constituem essas relações profundas, persistentes durante toda a vida, entre o corpo humano e o mundo dos objetos. Estamos nos referindo às *relações simbólicas*. Nesse período, *o infante enxerga o mundo por meio do seu próprio corpo*.

Com o intuito de elucidar seus achados teóricos, Ferenczi (1913/2011b, p. 117) cita como exemplo o caso de um bebê de um ano e meio que, ao olhar o rio Danúbio pela primeira vez, exclamou: "Quanto cuspe!". Partindo dessa premissa, podemos encontrar assimilações análogas entre os diferentes órgãos do corpo infantil: a criança identifica o pênis em troncos de árvores ou em caudas de animais; acredita que os bebês nascem pelo ânus; imagina que a terra usada para o plantio é feita de fezes etc.

Entretanto, uma identificação desse gênero ainda não é um símbolo, nos adverte o autor. Na origem, os pares: pênis-árvore, nascimento-ânus, terra-fezes, são combinações *conscientes*. É por conta do recalcamento do interesse às partes corporais, em virtude da moral civilizatória, que o indivíduo passa a se interessar pelos símbolos que *representam* o corpo, de modo *inconsciente*. Somente quando a educação cultural provocou o recalcamento de um dos termos da analogia (o mais importante), é que o outro termo (o mais insignificante), adquire um suplemento de importância afetiva e converte-se num símbolo do conteúdo recalcado (Ferenczi, 1913/2011b).

Explico melhor: na teoria psicanalítica, o simbolismo diz respeito à *substituição* inconsciente de uma imagem, de uma ideia, de um sentimento ou de uma atividade por outra. Isso posto, a simbolização ocorre como o resultado do embate de conflitos intrapsíquicos entre as forças repressoras e as reprimidas; sendo que o material a ser simbolizado é sempre aquele dos conteúdos reprimidos (recalcados). [3]

A importância de se compreender o fenômeno da simbolização foi particularmente estudada por Melanie Klein (1882-1960), que sistematizou a técnica do brincar na clínica com crianças. Lembremos que a autora foi paciente de Ferenczi por um período de sete anos (1914-1921),[4] ingressando na psicanálise por incentivo dele. Klein percebeu que o brinquedo é um símbolo que pode ser usado de diversas formas. Na brincadeira, a criança transfere para os

3 Alguns tradutores das obras de Freud, optaram por traduzir a palavra *Verdrängung* por "recalque", enquanto outros fizeram uso do vocábulo "repressão". Não entrarei no mérito dessa discussão aqui e, por isso, utilizo em meu texto os dois termos como *sinônimos*, até porque nas traduções das "Obras completas de S. Ferenczi", publicadas pela editora Martins Fontes (2011), preferiram manter a palavra "recalque".

4 Ver Almeida & Naffah Neto (2021).

objetos lúdicos toda a gama de elementos existentes em seu universo inconsciente: suas angústias, inseguranças, defesas e instintos.

Nos textos iniciais da autora, publicados entre as décadas de 1920 e 1930, podemos encontrar um significativo desenvolvimento dessas ideias. No entanto, é exatamente no ano de 1930 que Klein redige o ensaio "A importância da formação de símbolos no desenvolvimento do ego". Nele, relata minuciosamente o atendimento de um menininho de quatro anos de idade, o célebre caso Dick, considerado pelos historiadores da nossa disciplina como o primeiro registro do tratamento psicanalítico de uma criança psicótica (ver Almeida, 2020).

De acordo com essa psicanalista, o impedimento da capacidade simbólica indica uma vida subjetiva *empobrecida*, caracterizando um sintoma típico de adoecimentos psíquicos graves. Além disso, é um fator que interfere, inclusive, nos processos de aprendizagem, uma vez que a criança impossibilitada de brincar, vivencia seus pensamentos, ideias e sentimentos como uma realidade *concreta*, sem conseguir simbolizá-los.

4.3 O corpo como linguagem

Por intermédio de uma costura das ideias desse capítulo com o anterior, que aborda o tema da transferência e da introjeção, podemos pensar que a relação analítica (dentro e fora do consultório) se baseia na capacidade do ser humano de se construir, por meio das percepções, numa relação de complementaridade com o seu ambiente, fazendo dele um mundo próprio, na medida em que enlaça fragmentos colhidos de algo que pode ser caótico, dando-lhe formas singulares. "O processo analítico parece um artesanato de sucata, aquele do qual se aproveitam coisas que seriam aparentemente inúteis, estragadas para fazer uma nova obra" (Reis, 2022, p. 128).

Por ora, voltemos nossa atenção ao fenômeno da formação dos símbolos. Vimos que os conteúdos inconscientes são representados simbolicamente na forma de sonhos, atos falhos, piadas, devaneios, sintomas neuróticos (fobias, obsessões etc.) ou psicóticos (delírios, paranoias etc.). Porém, com o avanço de suas descobertas e de sua maturidade clínica, Ferenczi (1931) percebeu que, para muitos de seus pacientes traumatizados, os motivos do trauma não eram de origem pulsional (intrapsíquica) e, também, não haviam sido recalcados. As impressões deixadas nos pacientes traumatizados abrangem conteúdos mnêmicos resultantes das experiências traumáticas que não puderam fazer sentido para o sujeito, mas que, justamente por serem irrepresentáveis e não-simbolizadas, se manifestavam *corporalmente*. Cito o autor:

> *Um paciente abandonado em sua infância, por pai, mãe e, poderia acrescentar, pelos deuses, exposto aos piores sofrimentos físicos e psíquicos, desperta de um coma traumático com uma das mãos insensível e de palidez cadavérica; de resto, deixando de lado a amnésia, mostra-se relativamente calmo e quase imediatamente em condições de retomar o trabalho. Não foi difícil surpreender, em flagrante, por assim dizer, o deslocamento de todo o sofrimento, mesmo da morte,* para uma única parte do corpo: *a mão de palidez cadavérica representava a pessoa sofredora por inteiro e o desfecho de seu combate na insensibilidade e morte iminente. (Ferenczi, 1913/2011c, p. 92, grifos meus)*

Os traumas narrados por Ferenczi se deviam a fatores originalmente relacionais, sobretudo, à presença de um *agente* responsável pelo trauma. Essa constatação foi um avanço fundamental para o tratamento de pacientes traumatizados, uma vez que possibilitou a descoberta de que as experiências traumáticas *não* deixam traços mnêmicos inconscientes, não possuem quaisquer representações e, portanto, *não podem ser recalcadas*. Tais vivências deixam impressões, marcas que, apesar de estarem no psiquismo, *não estão ligadas* a nenhum tipo de representação, como acontece na ontogênese dos símbolos.

Embora a temática do trauma será devidamente explorada no capítulo 6 deste livro, é importante salientar a diferença entre o funcionamento psíquico de pacientes traumatizados e dos demais indivíduos que "conseguiram" atingir o recalque como um mecanismo de defesa principal para as suas angústias. "Sob o olhar de Ferenczi (1913), o sintoma revela de forma crua a plasticidade humana, a capacidade de criar um mundo de sentidos partindo de matérias tão elementares" (Reis, 2022, p. 129).

No entanto, essa importância atribuída às manifestações corporais dos pacientes aponta para a necessidade de outros instrumentos além da escuta flutuante do analista e de sua neutralidade em forma de abstinência. "Vemos aqui se definir qual o papel atribuído à noção de regressão no texto ferencziano, que implica uma compreensão radical da atemporalidade dos processos psíquicos" (Reis, 2022, p. 129). Com efeito,

> *A regressão define não a possibilidade de se ter acesso ao que já passou, mas fala da permanência de vários tempos e vários modos como o psiquismo se organizou em sua história, os quais podem ser ativados a qualquer momento, atualizando as "relações simbólicas estabelecidas entre o corpo e o mundo circundante" (Ferenczi, 1913, p. 47). Quando o analisando se mostra para o analista . . ., ele espera um olhar semelhante a todos os*

> *olhares que seu sintoma suscita nos outros, olhares que o fixam num presente inexorável. (Reis, 2022, p. 129)*

Com Ferenczi, aprendemos que a linguagem é apenas uma parte de uma grande capacidade expressiva do ser humano. O corpo que os olhos ouvem é um corpo que se comunica, valendo-se dos *gestos mágicos onipotentes* de outrora. Trata-se de uma reedição do não vivido, de uma comunicação primária que fora brutalmente cessada pela intercorrência do evento traumático. Isso significa que não devemos separar, em hipótese alguma, a unidade *corpo* e *psique*. Aliás, quando pensamos que o psíquico causa algo no corpo, já estamos separando os dois. "Boa parte da psicanálise faz isso, do mesmo modo que a psiquiatria organicista faz o contrário: pensa que substâncias produzidas pelo corpo – a serotonina, por exemplo – causam o que acontece na mente" (Gondar, 2022, p. 135).

> *Barthes (1984, p. 64) diz a mesma coisa sobre a linguagem dos apaixonados: no estado amoroso, ele escreve, "a linguagem é uma pele: esfrego minha linguagem no outro. É como se eu tivesse palavras em vez de dedos, ou dedos na ponta das palavras". Isso pode acontecer porque todas as formas de expressão possuem uma origem comum (Câmara, Herzog, Canavêz, 2018); isto é, tanto as palavras quanto os gestos corporais proviriam de uma mesma capacidade impressiva e expressiva. Por esse motivo, ouvir seria uma experiência sensória, assim como ao falar se poderia afetar o outro, do mesmo modo que os dedos tocam a pele. (Gondar, 2022, p. 135)*

Esses apontamentos nos levam a pensar que o encontro clínico não é constituído apenas com o uso de palavras, mas com *tudo aquilo* que permite que alguém se expresse diante de um outro com objetivos muito diversos. O mesmo pode ser dito sobre a dinâmica da relação ensino-aprendizagem.

Não é novidade alguma o fato de que muitos alunos têm dificuldades para se comunicar no contexto escolar. Desta forma, o silêncio acaba sendo interpretado como uma inibição ou como uma dificuldade para aprender. Também é comum encontrarmos crianças que vivem isoladas, como se estivessem 'encapsuladas' em seu mundo particular. Neste sentido, qualquer tentativa do professor ou dos colegas de adentrar nesse mundo pode ser compreendida pela criança como uma invasão violenta. O simples balanço das mãos, a agitação das pernas, os olhos rebaixados, o andar com os ombros curvados, são alguns gestos corporais que evidenciam características psíquicas do sujeito. Lembremos que corpo e psique *caminham juntos* e, desde os primórdios, encontram-se *entrelaçados* numa espécie de *interjogo* com a realidade externa – que pode ocorrer de maneira gradual ou abrupta.

Afirmar que os gestos são anteriores às palavras não significa dizer que eles são pré-linguísticos (embora sejam pré-verbais). Pelo contrário, significa dizer que as palavras, segundo o modo como são usadas, são antes de tudo gestos: elas servem para afastar, aproximar, acolher, assustar, ferir, magoar etc.

> *Os pacientes não neuróticos são muito sensíveis a isso; nas intervenções do analista, o que eles percebem é o gesto, mais do que o conteúdo do que é dito. Pode-se entender então que, para esses indivíduos, uma interpretação ou corte súbito de sessão sejam percebidos literalmente como corte – não como corte simbólico, capaz de convocar a elaboração, mas como corte real, no qual aquele que foi cortado sofre na carne o gesto do afastamento e da exclusão. (Gondar, 2022, p. 136)*

Refletindo sobre a citação acima, fui tomado por inquietações que me remeteram aos tempos de escola, quando eu tinha por volta de seis ou sete anos. Fiz uso do termo 'inquietação', pois fiquei pensando que não apenas um paciente 'não neurótico' pode ser derrubado por uma palavra 'mal-dita' ou por um 'corte de sessão', mas crianças em instituições escolares também são cruelmente violentadas pela frieza de alguns discursos. Um episódio, entre os vários ocorridos, marcou-me intensamente: o dia em que uma professora pegou o caderno de um coleguinha e, em seguida, expôs a todos dizendo que era um 'caderno modelo' e, por esse motivo, deveríamos copiá-lo. Tal conduta suscitou uma forte ansiedade em mim, pois eu passei a me sentir extremamente inseguro na expectativa de ter o caderno tão 'perfeito' quanto daquele outro aluno, à espera de um elogio que nunca chegava. Tempos depois, quando eu cursava o sexto ano, um professor me questionou, de forma inesperada, por que eu era tão quieto. Na sua opinião, eu deveria falar mais com as pessoas. Então, sem qualquer sinal de empatia, ele mandou eu me posicionar em frente à sala de aula, para ler um texto em voz alta, enquanto a turma ria de mim – com o consentimento do 'querido' mestre. Hoje, escrevendo essa narrativa, percebo o quanto essa atitude tosca teve o efeito de um estupro para o meu ego, fazendo com que eu me 'fechasse ainda mais' naquele período escolar.

Prossigamos com a citação do artigo de Jô Gondar:

> *O silêncio também pode ser pensado na esfera do gesto. Evidentemente, existem vários tipos de silêncio e vários gestos possíveis implicados no silêncio. Existem silêncios que desanuviam a atmosfera; em contrapartida, há outros que nos dão a impressão de que o ar poderia ser cortado a faca. Creio, porém, que determinado tipo de silêncio tem uma importância especial no encontro analítico. Refiro-me ao silêncio originário que Winnicott*

> *(1958) ligou à solidão essencial e, no plano dialógico, à capacidade de estar só na presença do outro.* Sem essa possibilidade de silêncio, todo encontro se torna um confronto. *Só há liberdade em qualquer encontro – e, particularmente, no encontro analítico – quando se pode também não dizer, não comunicar, não endereçar, não confrontar e nem buscar. Esse é o momento em que, sustentado pelo analista, alguém pode descansar de ser si mesmo enquanto forma dada, abrindo entrada para o informe e o inédito. (Gondar, 2022, p. 136, grifos meus)*

A dica é preciosa também aos analistas que, infelizmente, atrelam uma postura empática, de cuidado e implicação, a uma legítima 'verborragia' nas sessões. Lembro-me de um paciente que comentava, repetidamente, que vinha à análise para *encontrar a sua paz*, pois eu respeitava as suas pausas e os seus silêncios. Com a 'popularização'[5] da *ética do cuidado* em psicanálise, muitos profissionais começaram a atravessar o tempo e o espaço dos analisandos, achando que assim estariam fazendo um trabalho de sustentação das ansiedades. Na verdade, essas angústias pertencem aos próprios psicanalistas que não são capazes de tolerar uma *comunicação silenciosa* de seus pacientes. Esses dias, ouvi em um encontro de supervisão, que enquanto um analisando falava dos seus problemas, o analista passou a compartilhar detalhes íntimos da sua relação conjugal, com o objetivo de deixar, *segundo ele*, o paciente mais à vontade e acolhido.

5 Afirmo isso, partindo da minha experiência com as redes sociais. É de pleno conhecimento de todos que, após a pandemia da covid-19, muitos psicólogos e psicanalistas começaram a produzir "conteúdos". Acontece que alguns compartilham postagens sobre uma *suposta* "ética do cuidado", sem quaisquer fundamentos teóricos e metodológicos que, de cuidado, só tem o nome.

Balint (1968/2014), em seu livro "A falha básica", nos mostra uma clínica que deveria ultrapassar a dimensão da fala. Para este autor "As comunicações não verbais do paciente são tão importantes como suas associações verbais" (p. 88). Por essa via, ele nos propõe: "Como todas as 'comunicações' são não verbais, somos nós, os analistas, que devemos agir como *intérpretes* entre o *self* consciente adulto do paciente e seus desejos inconscientes" (p. 88). Dessa forma, não devemos agir somente como intérpretes, mas também como *informantes.*

O informante pode ser aquele que traduz em uma linguagem inteligível algo que percebe no nível dos gestos, das expressões, da atmosfera de um determinado contexto, sem, contudo, violar a *temporalidade* do analisando. A mesma estratégia se volta ao campo da educação; o professor certamente pode ser alguém que ouve, vê, que percebe os gestos como um todo, atuando como um *elo de ligação*, pelo simples fato de acolher o sofrimento do indivíduo com seu olhar e presença, sem obrigá-lo a sair da esfera de sua intimidade. "O que se ouve tem uma textura, pelos ritmos e pausas, assim como o que se vê pode abranger a audição ou o tato, ou seja, uma percepção sinestésica" (Gondar, 2022, p. 153).

O percurso que fizemos até aqui, iniciando pelo *desenvolvimento do sentido de realidade*, chegando à *ontogênese dos símbolos*, nos mostrou o quanto a participação do corpo é indispensável para a aquisição simbólica, que tem o seu começo marcado pelo período de onipotência incondicional, passando pelo uso dos gestos mágicos e pelo animismo, atingindo como ápice, a comunicação verbal. É admirável como Ferenczi se dedica a esse estudo, descrevendo, minuciosamente, esses estágios por meio de suas observações atentas.

Seguindo os rastros deixados pelo autor, podemos notar a importância da presença de um ambiente cuidador ao longo da nossa existência. Assim, indivíduos que passaram por experiências traumáticas podem não ter tido a chance de cultivar a onipotência necessária para manter a fé na vida – o otimismo. De maneira semelhante, pessoas que foram lançadas em uma realidade objetiva muito rapidamente, também precisarão, em algum momento, resgatar essas fases mais primitivas do desenvolvimento psíquico. Notamos isso, em pacientes que tiveram de assumir compromissos cedo demais, em virtude de um evento inesperado.

A escola, como instituição educativa e essencialmente humana, pode ser capaz de reacender a chama da onipotência perdida em contextos traumáticos. Recorro a Ferenczi novamente:

> *Nos contos, em compensação, as fantasias de onipotência continuam senhoras absolutas. Aí mesmo onde devemos inclinar-nos com profunda humildade diante das forças da natureza, é onde o conto acode em nosso socorro com seus temas típicos. Na realidade, somos fracos, vulneráveis, e os heróis dos contos serão, portanto, fortes e invencíveis; somos limitados pelo tempo e pelo espaço em nossa atividade e em nosso saber: nos contos vive-se eternamente, está-se em mil lugares ao mesmo tempo, prevê-se o futuro e conhece-se o passado. O peso, a dureza e a impenetrabilidade da matéria constituem a todo instante obstáculos em nosso caminho, mas o homem, em seus contos, dispõe de asas, seu olhar trespassa paredes, sua vara de condão abre todas as portas. A realidade é um duro combate pela existência... (Ferenczi, 1913/2011a, p. 61)*

No instante em que escrevia essas últimas linhas, lembrei do caso de uma menina que entrou na nossa escola, aos oito anos de idade. Ela parecia uma pequena adulta: questionava os professores com perguntas 'avançadas', não conseguia usar a imaginação para brincar e tampouco para escrever, odiava as apresentações de teatro, principalmente as que eram feitas com fantoches, pois ela 'sabia que tinham pessoas reais manipulando os bonecos', além de ser uma criança puramente racional. Não demonstrava afetos ou vulnerabilidades – o que é bastante atípico, diga-se de passagem. Pouco a pouco, fui procurando estreitar nossos laços, cuidando para não ser invasivo. Certo dia, eu estava segurando um livro do Harry Potter e, para a minha surpresa, a garotinha espontaneamente pediu para que eu lhe contasse sobre o que dizia aquela história. Decidi ler algumas páginas ao lado dela, que, de imediato, demonstrou um grande interesse. Como eu era o professor da turma, elaborei um projeto juntando o filme e o livro. Montei, com as crianças, varinhas mágicas e passávamos algumas horas da semana lançando feitiços e preparando poções. A 'menina adulta' conseguiu regressar à infância. Essa 'virada' psíquica dilatou o campo simbólico da garota, ampliando expressivamente a sua criatividade e, também, o seu sentimento de onipotência. Ela voltara a sentir aquela esperança endossada pela onipotência primária. E eu aprendi que as histórias 'curam'.

Para finalizar, lanço a seguinte provocação: analista e paciente, professor e aluno, seus corpos, sua presença, fazem parte de um *conjunto* enredado que se torna terapeuticamente eficaz, na medida em que ambos se permitem percorrer os fluxos vitais que emergem neste encontro. Fluxos que ultrapassam as palavras e se manifestam no corpo. Fluxos que denunciam falhas, rompimentos e carências. Fluxos que solicitam uma presença silenciosa e contínua. Podemos, assim, assumir os riscos da nossa posição ou permanecer ocultos sob o véu da neutralidade. A escolha é nossa e o fardo também!

Referências

Almeida, A. P. (2020). Melanie Klein e o processo de formação dos símbolos: revisitando o caso Dick. *Estilos da Clínica*, *25*(3), 552-567.

Almeida, A. P. & Naffah Neto, A. (2021). Sándor Ferenczi e Melanie Klein: a análise do analista como alicerce da formação. *Trivium – Estudos Interdisciplinares*, *13*(2), 92-102.

Balint, M. (2014). *A falha básica: aspectos terapêuticos da regressão.* Zagodoni. (Trabalho originalmente publicado em 1968)

Ferenczi, S. (2011a). O desenvolvimento do sentido de realidade e seus estágios. In S. Ferenczi, *Obras completas* (vol. 2). Martins Fontes. (Trabalho originalmente publicado em 1913)

Ferenczi, S. (2011b). Ontogênese dos símbolos. In S. Ferenczi, *Obras completas* (vol. 2). Martins Fontes. (Trabalho originalmente publicado em 1913)

Ferenczi, S. (2011c). Análise de crianças com adultos. In S. Ferenczi, *Obras completas* (vol. 4). Martins Fontes. (Trabalho originalmente publicado em 1931)

Freud, S. (2010). Formulações sobre os dois princípios do funcionamento psíquico. In S. Freud, *Obras completas* (vol. 10). Companhia das Letras. (Trabalho originalmente publicado em 1911)

Freud, S. (2016). Três ensaios sobre a teoria da sexualidade. In S. Freud, *Obras completas* (vol. 6). Companhia das Letras. (Trabalho originalmente publicado em 1905)

Fulgencio, L. (2022). *Winnicott & companhia: Winnicott, Klein e Ferenczi* (volume 2). Blucher.

Gondar, J. & Tucci, F. (2018). Ética e jogos de linguagem na obra ferencziana. In A. Maciel Junior. (Org.), *Trauma e ternura: a ética em Sándor Ferenczi.* 7 Letras.

Gondar, J. (2022). Ouvir com os olhos: gestos, expressões, ritmos. In E. S. Reis & J. Gondar, *Com Ferenczi: o coletivo na clínica – racismo, fragmentações, trânsitos.* Zagodoni.

Klein, M. (1996). A importância da formação de símbolos no desenvolvimento do ego. In M. Klein, *Amor, culpa e reparação e outros trabalhos.* Imago. (Trabalho originalmente publicado em 1930)

Levy, R. (2022). *A simbolização na psicanálise: os processos de subjetivação e a dimensão estética da psicanálise.* Blucher.

Petot, J-M. (2008). *Melanie Klein I.* Perspectiva.

Pinheiro, T. (2016). *Ferenczi.* Casa do Psicólogo.

Reis, E. S. (2022). Curar com a alma e com o mundo: fenômenos transferenciais e subjetivação. In E. S. Reis & J. Gondar, *Com Ferenczi: o coletivo na clínica – racismo, fragmentações, trânsitos.* Zagodoni.

Silveira, S. (Org.). (1999). *Obras de Casimiro de Abreu.* Itatiaia.

5. A clínica psicanalítica de Ferenczi e a escola como um lugar de experiências transformadoras

5.1 Considerações sobre a técnica ativa e sua relação com a educação

> *Neste caso, fui levado a abandonar* o papel passivo *que o psicanalista desempenha habitualmente no tratamento, quando se limita a escutar e a interpretar as associações do paciente,* e ajudei a paciente a ultrapassar os pontos mortos *do trabalho analítico intervindo ativamente em seus mecanismos psíquicos. É ao próprio Freud que ficamos devendo o protótipo dessa "técnica ativa".*
>
> Ferenczi, 1919/2011e, p. 7, grifos meus

Neste capítulo, diferentemente do que fiz no anterior, darei ênfase às experiências clínicas realizadas por Ferenczi, localizadas no que estou nomeando como o "segundo momento" de sua obra. Conforme destaquei, o interesse desse autor sempre foi o de propiciar uma melhora e um alívio expressivo do sofrimento psíquico de seus pacientes – nem que para isso tivesse que subverter algumas das indicações impostas rigidamente por Freud. Ferenczi pagou um custo alto por suas inovações, sendo "esquecido" pela comunidade psicanalítica devido aos boatos mentirosos espalhados por Ernest Jones, que, alimentado por seu ímpeto invejoso, difamou Ferenczi, dizendo que ele havia morrido louco. Foi por isso que suas teorias finais – atravessadas por uma profunda originalidade – acabaram perdendo relevância.

O movimento de Jones, no sentido de caluniar a imagem de Ferenczi, foi fortemente responsável pelo "desaparecimento" dos trabalhos do analista húngaro das instituições de psicanálise, e por sua ausência, durante muitos anos, das citações e referências nos escritos de autores respeitáveis (Kahtuni & Sanches, 2009). "Foi a partir da publicação de seu 'Diário Clínico' na França, por Judith Dupont, organizado inicialmente por Michael Balint, e da correspondência com Freud, que a obra de Ferenczi começou a levantar interesse parcial da comunidade psicanalítica" (Kahtuni & Sanches, 2009, pp. 15-16). Esse "resgate", porém, aconteceu somente no início dos anos 1980, sendo que o mestre de Budapeste havia falecido em 1933!

No entanto, antes de discutir sobre a "técnica ativa", uma das experiências que marcaram a clínica ferencziana, gostaria de fazer alguns comentários sobre um período importante da história da psicanálise que nos ajudará a compreender melhor o sentido dos experimentos do autor.

Em 1918, Sigmund Freud publicou um dos seus casos clínicos mais controversos, responsável por gerar impasses no meio analítico até os dias de hoje.[1] Refiro-me ao ensaio "História de uma neurose

---

1 Pesquisadores de nossa área indicam esse caso como um dos maiores erros clínicos de Freud, a começar pelo diagnóstico. Enquanto o mestre de Viena considerou o paciente um neurótico, muitos psicanalistas concordam em assinalar que o quadro se aproximava mais de um transtorno *borderline* – embora essa nosografia psiquiátrica ainda não existisse na época de Freud. Mesmo assim,

infantil (O Homem dos Lobos)". Essa narrativa, digna do estilo de um conto épico, versa sobre o relato do tratamento psicanalítico mais longo que temos de Freud. Nele, o autor discorre sobre os detalhes da análise de um jovem russo de 23 anos, vindo de uma família endinheirada, acometido por distúrbios psíquicos graves, que Freud considerou completamente restabelecido após quatro anos e meio de um tratamento bastante difícil.

Embora os aspectos psicóticos da personalidade de Serguéi Constantinovitch Pankejeff – nome verdadeiro do paciente – não lhe tenham escapado, o mestre de Viena situa seu diagnóstico essencialmente na *neurose*,[2] preocupado em demonstrar, com a publicação do caso, que o adoecimento psíquico dos adultos neuróticos está fundamentado nas vivências conturbadas da sexualidade infantil. Vejamos:

> *Após três anos de análise, a questão do tempo, aliada à percepção de que o tratamento estaria estagnado em função da resistência de transferência de Serguéi, levou Freud a experimentar um dispositivo inédito: estabelecer um prazo limite para o término da análise – sendo esse o recurso principal do emprego freudiano da técnica ativa. "O paciente . . . permaneceu muito tempo entrincheirado, inatacável, detrás de uma postura de* dócil indiferença, *escreve Freud, acrescentando: "Ele escutava, entendia, e não permitia que nada se aproximasse. Sua impecável*

para alguns analistas, o Homem dos Lobos beirava a psicose e não a neurose, como supôs o criador de nossa ciência. Ver Camargo e Santos (2012) e também Pinheiro e Maia (2011).

2 Discutindo esse caso com meu orientador, que possui uma inclinação teórica mais winnicottiana, ele destacou que "defesas neuróticas obsessivas não fazem, necessariamente, um paciente se enquadrar no diagnóstico de neurose obsessiva".

> *inteligência estava como que desconectada das forças instintivas que dominavam seu comportamento, nas poucas relações que lhe restavam na vida" (Freud, 1918 [1914]/2010, p. 18). (Kupermann, 2019, p. 28, grifos do autor)*

Kupermann (2019) propõe uma analogia para referir-se ao estado psíquico de Serguéi, "uma espécie de *analisando teflon*" (p. 28), ou seja, o paciente se mantinha inerte às interpretações de Freud e se mostrava dócil e apático, incapaz de qualquer hostilidade na transferência. "Com efeito, a descrição de Freud nos permite pensar em uma verdadeira *anestesia afetiva* decorrente de uma 'inteligência desconectada' do campo pulsional" (Kupermann, 2019, p. 28, grifos do autor).

O resultado da imposição de um prazo para o término do tratamento do paciente teria feito, aos olhos de Freud, a resistência e a fixação relacionadas ao estado de adoecimento cederem, e "num *período relativamente curto* a análise forneceu todo o material que possibilitou o levantamento das inibições e a eliminação dos sintomas" (Freud, [1914] 1918/2010, p. 19, grifos meus).

Na prática, não foi bem assim que as coisas aconteceram, pois, em 1926, após alguns anos da interrupção de sua análise, Serguéi foi acometido por uma crise de paranoia grave. Ele voltou a se consultar com Freud, que o encaminhou, então, a Ruth Mack-Brunswick, uma psicanalista de origem americana que também era paciente do mestre de Viena. Essa última análise durou cinco meses e terminou em fevereiro de 1927 (Quinodoz, 2007).

Apesar de o caso ter sido inteiramente publicado em 1918, é preciso informar ao leitor que Serguéi havia se consultado pela primeira vez com Freud em janeiro de 1910. A análise terminou em julho de 1914 – data que fora instituída *previamente*. A revolução bolchevique (iniciada em março de 1917) arruinou completamente a família do paciente, que abandonou a Rússia com sua mulher para se instalar em Viena, onde viveu com dificuldades financeiras até o fim da vida.

Deprimido, sem dinheiro e sem trabalho, Serguéi foi mantido com os recursos oferecidos pelo próprio Freud e pelos seus colegas vienenses – seria este um movimento inconsciente de reparação, já que a análise teria sido um fracasso? Após um tempo, o "Homem dos Lobos" acabou conseguindo um emprego modesto em uma empresa de seguros, até ser afetado por uma crise psicótica, em 1926, quando passou a se tratar com a dra. Brunswick, como já mencionei. Esses acontecimentos fizeram nosso mestre de Viena *reconsiderar* o uso da "técnica ativa", e, sem dúvidas, podemos afirmar que o caso de Serguéi se tornou uma grande pedra no sapato de Freud, pois, em 1923, o autor acrescenta uma nota ao fim do texto original, dizendo:

> *Eu lhe dei alta, curado, a meu ver, poucas semanas antes da irrupção da Guerra Mundial, e só o vi novamente quando, com as vicissitudes da guerra, as Potências Centrais tiveram acesso à Rússia meridional. Ele veio então a Viena, e contou que imediatamente após o fim do tratamento foi tomado do empenho de se livrar da influência do médico. Em alguns meses ele dominou uma parcela da transferência ainda não superada; desde então o paciente . . . sentiu-se normal e comportou-se impecavelmente. (Freud, [1914] 1918/2010, p. 160)*

Com a leitura desse recorte, temos a ligeira sensação de que Freud está a todo instante tentando se justificar, convencendo o público do "sucesso" do tratamento. No entanto, o espectro de Serguéi continua assombrando o autor vienense, pois, ainda que decorridos muitos anos da publicação do relato, no Capítulo 1 do seu artigo "Análise terminável e interminável", de 1937, ele escreve que:

> *Depois utilizei o estabelecimento de um prazo também em outros casos e levei em conta as experiências de outros analistas. O juízo sobre o valor dessa "chantagem" não pode ser outro: ela é eficaz, desde que escolha o momento certo para adotá-la. Mas ela não pode garantir a completa realização da tarefa. Pelo contrário, podemos estar certos de que, enquanto uma parte do material se tornará acessível sob a pressão da ameaça, outra parte permanecerá retida e, assim, como que enterrada, perdida para o esforço terapêutico. . . . E não se pode fornecer uma regra geral quanto ao momento certo de aplicar esse poderoso recurso técnico; termina por ser* uma questão de tato. *Uma decisão errada não poderá ser remediada. Vale o dito de que o leão salta apenas uma vez. (Freud, 1937/2018, pp. 278-279, grifos meus)*

Pois bem, em 1920, no Sexto Congresso da Associação Internacional de Haia, Ferenczi apresenta seu artigo denominado "Prolongamentos da técnica ativa em psicanálise" (publicado em 1921), destacando a importância de o analista ser capaz de *modificar* a sua prática quando o paciente parece não mais responder ao tratamento padrão.

Priorizando sua lealdade a Freud, Ferenczi inicia seu ensaio afirmando que, desde a introdução da regra fundamental (associação livre), postulada pelo mestre de Viena, os fundamentos da técnica psicanalítica não sofreram nenhuma modificação – o que não é verdade, conforme vimos. Nesse sentido, Ferenczi dirá que o seu objetivo central, nesse texto, continua sendo "colocar os pacientes em condições de obedecer melhor à regra de associação livre com a ajuda de *certos artifícios* e chegar assim a *provocar* ou a *acelerar* a investigação do material psíquico inconsciente" (Ferenczi, 1921/2011f, p. 117, grifos meus). Logo, a técnica ativa poderia ser usada somente em "situações de emergência", e, após a superação do conteúdo estagnado, o analista deveria retornar "o mais depressa possível à atitude *de receptividade passiva* que cria para o inconsciente do médico as condições mais *favoráveis a uma colaboração eficaz*" (Ferenczi, 1921/2011f, p. 117, grifos meus). Posteriormente – como descrevo nas próximas páginas –, Ferenczi também irá rever a postura de "receptividade passiva" diante dos sofrimentos apresentados pelos pacientes. Inclusive, a meu ver, o autor só escreve esse trecho, em específico, para deixar em "destaque" sua obediência servil às ideias de Freud.

Neste mesmo ensaio de 1921, Ferenczi menciona alguns recortes de casos clínicos em que impõe *ordens* e *proibições* dirigidas a comportamentos específicos de seus pacientes. Essa manobra, para ele, significava um ótimo recurso para *reativar* as angústias que estavam encobertas justamente pelas atitudes que paralisavam o progresso das análises. À guisa de melhor compreensão, cito o autor:

> *Nossa atividade pode, neste caso, decompor-se em duas fases. Na primeira, fui levado a dar à paciente que tinha fobia de certos atos, a ordem de executar esses atos, apesar de seu caráter desagradável. Quando as tendências até aí reprimidas se convertem em fontes de prazer, a paciente foi incitada, numa segunda fase, a defender-se: certas ações lhe foram* interditas. *As injunções tiveram por consequência torná-la* plenamente consciente *de certos impulsos, até então recalcados ou que se exprimiam sob uma forma rudimentar irreconhecível, acabando por conscientizar-se como representações que eram*

> *agradáveis, enquanto* moções de desejos. . . . *Portanto, a "atividade" que consideramos até então como uma entidade decompõe-se na intimação e na execução sistemática de* injunções *e de* proibições, *embora mantendo constantemente a "situação de abstinência", segundo Freud. (Ferenczi, 1921/2011f, p. 124, grifos do autor)*

Por mais que alguns analistas não concordem com as primeiras considerações ferenczianas a respeito da técnica ativa e suas respectivas invenções, "é inegável a ampliação – inédita até então – do rol dos instrumentos dos quais o psicanalista dispõe para lidar com as dificuldades encontradas no manejo da clínica" (Kupermann, 2019, p. 45). É preciso destacar o fato de que a técnica ativa "tem como alvo principal a *atividade do analisando*, que se vê comprometida em determinados momentos pelos atos sintomáticos e pelo gozo proporcionado pelo amor de transferência, de acordo com a observação de Teresa Pinheiro (1995)" (Kupermann, 2019, p. 45, grifos do autor).

Entretanto, é possível perceber que o emprego desse recurso analítico é bastante distinto do método sugestivo e, também, de qualquer tentativa para *encurtar* as análises – como ocorreu com Freud no episódio do "Homem dos Lobos". Na clínica de Ferenczi, quando a situação parecia estar perdida, ele planejava *tentativas* e *possibilidades*, em vez de simplesmente atribuir a responsabilidade pelo fracasso do tratamento ao paciente.

Com o objetivo de capturar o sentido fundamental da inovação ferencziana, acompanhemos Kupermann novamente:

> *Ferenczi é categórico ao afirmar que a técnica ativa só deveria ser empregada em momentos já avançados das análises, como motor para conduzi-las ao término,*

> *na maior parte das vezes adiado pelos analisandos (e, também, em muitas situações, pelas resistências dos próprios analistas). Assim como na aviação pode-se pensar a invenção das aeronaves como modo de encurtar distâncias (o que não deixa de ser verdadeiro), mas também e, sobretudo, como* possibilidade de aceder a lugares antes inacessíveis, na psicanálise, a técnica ativa indica o esforço ferencziano para favorecer o tratamento daqueles pacientes considerados, até então, intratáveis, *pelo fato de não se adaptarem ao procedimento padrão. Para além da superação e da destruição das trincheiras de resistência, a técnica ativa aponta o alargamento da efetividade das práticas de cuidado que caracterizam a psicanálise desde o seu surgimento. (Kupermann, 2019, p. 46, grifos meus)*

Enquanto revisitava as ideias de Ferenczi a respeito da técnica ativa, tive alguns *insights* sobre como esse manejo clínico poderia ser pensado no âmbito da educação. Depois de muito me revirar em busca de memórias, lembrei de um caso, vivenciado por mim, que poderia representar as mesmas inquietações encaradas pelo psicanalista húngaro no que tange à eficiência de suas intervenções. Compartilho a seguir:

Carlos ingressou em nossa escola aos 9 anos de idade. A mãe já não sabia mais o que fazer. O menino tinha passado por dois psicólogos e seguia com acompanhamento especializado de uma psicopedagoga. Na escola antiga, repetiu de ano, pois "não tinha interesse em nada", segundo sua mãe. "Não mesmo?" Ora, Carlos falava de "videogame" como ninguém, me dava uma verdadeira aula sobre os jogos de que gostava e os lançamentos que estavam previstos para o próximo ano. Ficou extremamente empolgado ao perceber que as suas palavras eram ouvidas; relatou-me, também, alguns detalhes do seu canal no YouTube e me convidou para assistir a alguns de seus vídeos. Não apenas fiz isso, como perguntei se ele me autorizava a mostrar as suas produções aos demais colegas da turma, em uma de nossas aulas de informática da próxima semana. Ficou receoso a princípio, mas acabou aceitando. Carlos vibrou de emoção enquanto enxergava a si próprio no reflexo das luzes do projetor. Expôs, com entusiasmo, cada uma de suas aventuras virtuais para todos os colegas. Carlos brilhava e estava cheio de si. Resgatava uma autoestima que havia tempos fora derrubada pelo rótulo do fracasso. Foi aí que eu notei que, à medida que o seu discurso transitava entre os amigos da sala, a aversão pela escola e a oposição ao desejo de aprender iam diminuindo. Aliás, brotava ali um desejo, enraizado pela potência dos afetos. O menino sonhador estava se sentindo compreendido e, sobretudo, respeitado pelos seus pares, a partir de sua singularidade, revelando, pois, o melhor que ele poderia vir a ser. Decidi fazer outro convite: perguntei se ele toparia levar o videogame para a escola e nos ensinar a jogar no finalzinho das tardes de sexta. "Você está falando sério?" – indagou, desconfiado. A mãe estranhou a proposta; para ela, a escola era o lugar de aprender! Mas como é possível aprender quando o lugar em que estamos é tão chato e entediante? Confesso ao leitor que passou pela minha cabeça uma série de inseguranças, do tipo "será que estou sendo permissivo demais?". Deixar uma criança levar um videogame para a escola seria uma atitude adequada? A escola não deveria ser realmente o espaço para escrever e copiar? E quem foi que disse que Carlos não começou a escrever e copiar? Acompanhava até a matemática, "difícil que ela só", como dizia. Passou a fazer as contas nos dedos, depois nos jogos, olhando os números que subiam na tela. Quantas moedas eram necessárias para vencer o oponente? Quantos degraus precisávamos subir para passar de fase? E se ele caísse, quantas vidas iriam sobrar? Entretanto, aprendi com o menino Carlos que a vida real é uma só; se faz no aqui e agora, nas possibilidades presentes.

Como agir quando uma criança é atravessada pelo discurso familiar que insiste em alegar que ela não tem interesse em nada? Renunciar ao padrão normativo, ancorado nos cadernos, nas apostilas, nas provas, no giz e na lousa poderia ser uma oportunidade de abrir novos caminhos quando a estrada insiste em permanecer bloqueada – o que não significa dizer que todos esses itens não tenham a sua devida importância.

Essas possíveis estratégias de ação pedagógica poderiam ser interpretadas como exemplos de uma *técnica ativa*, tomando como base a orientação psicanalítica?

Penso que sim, e aproveito para lançar essas provocações também ao leitor, pois, quando nos acostumamos a um determinado modelo que se tornou cristalizado, simplesmente nos esquecemos que existem *diversas* possibilidades para não abandonarmos os alunos às mazelas de um enquadre "diagnóstico" que tende a reforçar o penoso sentimento de "incapacidade". Trata-se, sobretudo, da aptidão de se implicar pessoalmente na condução do processo educativo, escapando das algemas de um dogmatismo regido pela *neutralidade* e pela *indiferença*.

Resumidamente, podemos dizer que técnica ativa é pautada na ideia de que a estagnação da análise, decorrente do congelamento das associações, tem origem na retirada libidinal do trabalho analítico em nome de satisfações substitutivas e autoeróticas. "Naturalmente, esse deslocamento era o resultado e o indício de uma *crise na relação transferencial*, e o analista tinha então como tarefa descobrir para que terreno a libido se deslocaria e *mobilizá-la* a fim de que ela se tornasse novamente disponível para um trabalho fecundo" (Balint, 1967, p. 26). Portanto, Ferenczi entendia que o analista deve estar atento ao surgimento de possíveis conflitos inconscientes no paciente, de modo a fazer com que a libido desviada à satisfação substitutiva seja restabelecida à associação livre e à relação transferencial.

Analisando o recorte do caso de Carlos, notamos exatamente a mesma dinâmica que levou Ferenczi a pensar em outras alternativas de prática clínica, criando a "técnica ativa". Esclareço: desinteressado por uma escola que se mostrava repetitiva e incapaz de reacender a chama da aprendizagem, o menino concentrou os seus impulsos libidinais na criação de um universo *próprio*, baseado nos *games* e no seu canal do YouTube – lugares em que ele podia fruir livremente da liberdade e da satisfação dos impulsos autoeróticos, considerando que esses "ambientes" possuíam uma dimensão muito mais interessante do que a sua antiga escola, desvitalizada e entediante.

Compete, assim, ao professor, por meio de um olhar empático e do uso da criatividade, formular meios de intervenção que possam "atrair" a criança de volta ao campo da aprendizagem. *Grosso modo*, parafraseio Balint, pois penso que o educador tem como tarefa *descobrir* para qual destino a libido se desloca e ser capaz de *mobilizá-la* a fim de que ela se torne novamente disponível para um trabalho fecundo (Balint, 1967, p. 26). É a libido que impulsiona nosso *interesse pela vida* e, por conseguinte, pela aprendizagem. Se a escola for desmotivadora, é óbvio que os nossos alunos irão dirigir os seus olhares na direção de outros territórios – o que não significa dizer que eles *não* cultivam o interesse por coisa alguma.

Para tanto, é imprescindível que o professor desenvolva um certo *conhecimento* de seus alunos, que incidirá sobre os aspectos afetivos dos estudantes, mas não diretamente. "Trata-se de uma afetividade de natureza diferente daquela de dar colo. Com o tempo, o fundamental para a criança passa a ser *sentir-se* importante e reconhecida" (Villela & Archangelo, 2014, p. 35, grifos meus). Esse sentimento resulta, por exemplo, da certeza de que o professor sabe quem ela é, qual o seu nome, do que ela gosta e quais as dificuldades que ela precisa enfrentar, e que medos e inseguranças rondam as tentativas de superação de tais dificuldades.

Partindo dessas considerações, acredito que a noção de técnica ativa, embora eminentemente clínica e psicanalítica, pode lançar alguma luz sobre a dimensão *ética* e *técnica* do fazer educativo. É coerente, de nossa parte, permitir que os alunos lidem sozinhos com as resistências que apresentam no decorrer de seu processo de aprendizagem? O que há de errado em se valer das habilidades dos *próprios* alunos para poder ajudá-los a lidar com as dificuldades que despertam sofrimento? A escola não seria um lugar mais leve se pudéssemos promover situações mais favoráveis à resolução de conflitos?

No fragmento do texto "Dificuldades técnicas de uma análise de histeria" (Ferenczi, 1919/2011e), que selecionei para iniciar o capítulo, o próprio Ferenczi escreve que foi levado a abandonar *o papel passivo* que o psicanalista desempenha habitualmente no tratamento para ajudar sua "paciente a ultrapassar os *pontos mortos* do trabalho analítico intervindo ativamente em seus mecanismos psíquicos" (p. 7, grifos meus). O professor precisa ter como foco o *estudante*, mas não apenas os aspectos que tangenciam o seu desenvolvimento cognitivo e o seu aprendizado. É essa conduta que oferece à criança a sensação de que o professor é capaz de escutá-la, de se lembrar de suas histórias e de lidar com seus anseios. O colo físico, portanto, é substituído pelo diálogo, pela escuta e por intervenções ativas que tenham como objetivo desmanchar os nós que se formam durante o desenrolar do processo de aprendizagem.

Finalizo, assim, essa primeira parte das minhas exposições com o poema "Errar", de Mia Couto (2016):

Na escolinha,
a menina,
propícia a equívocos, disse:
– Masculino de noiva é navio.

Repreenderam, riscaram, descontaram.

Mas ela estava certa.

Noivados são mares
de barcos pares. (p. 42)

5.2 O paciente em primeiro lugar: os primórdios de uma psicanálise do cuidado

> *Continuo trabalhando com os materiais que tenho e com o que sou. Sou onívoro de sentimentos, de seres, de livros, de acontecimentos e lutas. Comeria a terra. Beberia todo o mar.*
>
> Neruda, 2000, p. 268

Quando pensamos em psicanálise, logo nos vem à cabeça a imagem estereotipada do analisando deitado no divã e do analista, silencioso, sentado em uma poltrona logo atrás, ouvindo as queixas e, quando muito, interferindo o mínimo possível na fala do paciente, com a colocação usual: "fale-me mais sobre isso". No entanto, alguns clínicos contemporâneos a Freud foram percebendo que talvez esse não fosse o melhor manejo a ser utilizado, considerando todos os casos que chegavam a seus consultórios. A *abstinência* sentimental do terapeuta e o silêncio absoluto nas sessões poderiam, em determinados casos, piorar o nível de sofrimento de alguns indivíduos.

Coube a Ferenczi ser um dos pioneiros responsáveis pela concepção de uma nova forma de se praticar a psicanálise – como pudemos observar nas breves considerações sobre a técnica ativa. Respaldado em sua prática terapêutica, o psicanalista húngaro possuía uma dedicação louvável ao *cuidado* de seus pacientes. Esse é o traço mais marcante do pensamento desse teórico, a meu ver.

Ferenczi não se debruça apenas sobre as questões relacionadas à origem dos sintomas, mas também interroga a postura do próprio analista, assinalando seus conflitos internos e externos que, inevitavelmente, acabam por aparecer e interferir na dinâmica do processo terapêutico. Tais ideias são percebidas facilmente nos seus escritos iniciais, como no ensaio "Sintomas transitórios no decorrer de uma psicanálise" (1912). Vejamos:

> *As interpretações analíticas, mesmo que pareçam cativantes e notáveis, não poderão levar à consciência somente por meio do material psíquico suscitado pela associação livre, mesmo que o paciente o deseje e se esforce nesse sentido. Tal convicção não implica* a impressão do caráter indiscutível exclusivo da verdade. . . . É preciso ter tido uma vivência afetiva, ter experimentado na própria carne, para atingir um grau de certeza que mereça o nome de "convicção". *Assim, o médico que só estudou a psicanálise nos livros, sem se ter submetido pessoalmente a uma análise profunda nem adquirido a experiência prática junto dos pacientes,* dificilmente poderá estar convencido da correção dos resultados da análise. *(Ferenczi, 1912/2011d, p. 213, grifos meus)*

Para o autor, não bastava o analista ter a convicção do seu suposto saber (teórico) e interpretar as manifestações inconscientes dos analisandos, tornando-as conscientes. Era preciso ir além, e ter tido "uma vivência afetiva", para atingir algum grau de convicção. Temos, aqui, uma noção clara de *empatia* – o analista deveria ser, sobretudo, *humano*. Diante disso, a sinceridade em relação a si próprio e ao paciente só era possível a partir de uma boa análise pessoal.

Incomodado com os rumos de sua própria prática clínica, Ferenczi decide reavaliar alguns aspectos da "técnica ativa", publicando, em 1926, o artigo "Contraindicações da técnica ativa". Acompanhemos o nosso autor:

> *Essa relação do ego com a frustração implica, em primeiro lugar, que* a análise jamais deve começar pela atividade. *Deve-se, pelo contrário, poupar o ego durante muito tempo ou, pelo menos, tratá-lo com* muita prudência, *senão uma* sólida transferência positiva não poderá estabelecer-se. *A atividade enquanto medida de frustração, tem sobretudo por efeito, portanto, perturbar e desfazer a transferência . . .. Sua aplicação excessivamente rigorosa* provoca a fuga do paciente, *tão certa quanto a causada pelas explicações brutais dos "psicanalistas selvagens". (Ferenczi, 1926/2011b, p. 402, grifos meus)*

Ao longo da minha prática como educador, presenciei diversos professores tentando ser excessivamente "descolados" e "permissivos", a ponto de se afastarem do fio condutor que norteia o processo educativo – que, para ocorrer, exige o mínimo de ordem e organização. Além disso, o movimento de aproximar-se da singularidade do aluno precisa ser realizado com muita cautela, pois o exagero de "implicação" e "atividade" poderá ser compreendido, pelo estudante, como uma tentativa violenta de intrusão – principalmente se estivermos lidando com adolescentes.

Nessa perspectiva, a preocupação de Freud, formulada no texto de 1937, se faz bastante coerente. Proponho que a revisitemos:

> *E não se pode fornecer uma regra geral quanto ao momento certo de aplicar esse poderoso recurso técnico [a técnica ativa]; termina por ser* uma questão de tato. *Uma decisão errada não poderá ser remediada. Vale o dito de que o leão salta apenas uma vez. (Freud, 1937/2018, pp. 278-279, grifos meus)*

Portanto, ser mais ativo em nossas ações pedagógicas certamente é algo que exige um certo cuidado – um certo *tato*, como disse Freud –, sobretudo para não afastarmos o próprio aluno do seu processo de aprendizagem. Ou seja, é necessário que tenhamos *prudência*.

Ainda sobre o tema, Ferenczi denuncia que o emprego da técnica ativa pode muito bem disfarçar o *sadismo* dos psicanalistas, tornando a relação analítica uma "repetição exageradamente fiel da situação pais-criança", ou dando licença para "posturas perfeitamente *sádicas de professor*" (Ferenczi, 1926/2011b, p. 404, grifos meus). Sua preocupação fica ainda mais evidente no fragmento: "Nas mãos de um novato, a *atividade* poderia facilmente conduzir a um retorno aos procedimentos pré-psicanalíticos da sugestão e das *medidas autoritárias*" (Ferenczi, 1926/2011b, p. 403, grifos meus).

Merece destaque o fato de que, enquanto elaborava a escrita da narrativa do "Homem dos Lobos", Freud também estava reformulando suas ideias e trazendo um novo ponto de vista a respeito da intervenção mais ativa, realizada às cegas por alguns psicanalistas. Essas considerações foram publicadas no trabalho "Lembrar, repetir e perlaborar"[3], de 1914. Cito-o:

---

3 Laplanche e Pontalis (2001) cunharam as expressões "perlaborar" e "perlaboração" como neologismos para traduzir do alemão o verbo *durcharbeiten* (perlaborar) e o substantivo *Durcharbeitung* (perlaboração). Estou usando, aqui, a versão publicada pela Editora Autêntica (Freud, 1914/2017), que também optou pelo termo "perlaborar".

> *Muitas vezes, fui chamado como consultor em casos nos quais o médico se queixava, dizendo que . . . o tratamento empacara. Essa expectativa sombria mais tarde sempre se revelou* enganosa. *Em geral, o tratamento estava no bom caminho; o médico apenas tinha esquecido que a nomeação da resistência não pode ter como consequência o seu fim imediato.* Precisamos dar tempo ao paciente, *para que ele se aprofunde na resistência que até então lhe era desconhecida, para perlaborá-la, superá-la, na medida* em que ele, *a ela resistindo, continua o trabalho de acordo com a regra analítica fundamental. (Freud, 1914/2017, p. 161, grifos meus)*

Enquanto relia esse fragmento do artigo de Freud, fui surpreendido por mais uma das minhas lembranças práticas. Trata-se do caso de um aluno que, na época, tinha uns 7 anos de idade, e era sempre o último da turma a finalizar a cópia do conteúdo da lousa. Esse atraso lhe rendia algumas dificuldades pontuais, enquanto eu, ainda imaturo na profissão, ficava constantemente acelerando a criança, na melhor das intenções. No meu ponto de vista, estava tentando evitar que ela fosse prejudicada pela falta de conteúdos em seu caderno. Certo dia, decidi perguntar a ele o porquê de tanta demora para finalizar tais atividades. "Cada um tem o seu tempo, professor. Esse é o meu! Sou devagarzinho mesmo" – respondeu-me da forma mais calma e tranquila possível. A pressa, aliás, era uma demanda minha, me tornando impaciente. Como aprendemos com as nossas crianças!

> *Até quando o corpo pede um pouco mais de alma*
> *A vida não para*
> *Enquanto o tempo acelera e pede pressa*

> *Eu me recuso faço hora vou na valsa*
> *A vida é tão rara*
> *(Lenine, "Paciência", 1999)*

Retomando a teoria ferencziana, é admirável a humildade do autor em se propor a *reconsiderar* os seus próprios erros: "Entretanto, a franqueza obriga-me a confessar que mesmo a experiência não basta para preservar do erro quando se trata da atividade. Devo também participar-lhes as *decepções que sofri*" (Ferenczi, 1926/2011b, p. 403, grifos meus). Assim, Ferenczi vai descrevendo, como numa espécie de diário, as falhas que cometeu ao não respeitar *o tempo* dos pacientes, provocando sensações que eles ainda não estavam preparados para sustentar. "*Provoquei* por vezes uma outra *série de dificuldades* ao conceber de modo demasiado rígido certas injunções e proibições" (Ferenczi, 1926/2011b, p. 403, grifos meus), admite o autor sem falsa modéstia.

Ao desdobrar essas vertentes e expandir os horizontes de sua prática, o autor húngaro chega à elaboração de um de seus textos mais significativos: "A elasticidade da técnica psicanalítica", de 1928. Nesse ensaio, Ferenczi irá problematizar a atuação do analista frente ao atendimento de pacientes que demandavam um cuidado maior do ambiente clínico. A *elasticidade* seria, pois, a assimilação interior dos fundamentos teóricos de um *estilo empático* (Kupermann, 2019), que só poderia existir por intermédio de uma boa (e satisfatória) análise pessoal dos analistas.

É este lado humano e sensível do autor húngaro que se manifesta nas linhas do texto de 1928 sobre a "elasticidade da técnica". Acompanhemos:

> *Nada de mais nocivo em análise do que uma atitude de* professor ou médico autoritário. *Todas as nossas*

> *interpretações devem ter o caráter de uma* proposição *do que de uma* asserção indiscutível, *e isso não só para não irritar o paciente, mas também porque podemos efetivamente estar enganados. . . . Do mesmo modo, a confiança em nossas teorias deve ser apenas uma confiança condicional, pois num dado caso talvez se trate da famosa exceção à regra, ou mesmo da necessidade de modificar alguma coisa em vigor até então. . . . A modéstia do analista não é, portanto, uma atitude aprendida,* mas a expressão da aceitação dos limites do nosso saber. *(Ferenczi, 1928/2011c, p. 36, grifos meus)*

A análise, mais do que um mecanismo para a reafirmação de presunções teóricas, era, para Ferenczi, um espaço de exercício humano, no qual o analista poderia identificar seus erros, rever sua conduta e, especialmente, *aceitar* os limites de seu próprio saber. Tomando esses princípios como argumentos centrais de suas articulações, o autor nos dirá que ao terapeuta seria necessário, "como uma tira elástica, ceder às tendências do paciente, mas *sem abandonar* a tração na direção de suas próprias opiniões, enquanto a falta de consistência de uma ou de outra dessas posições não estiver plenamente provada" (Ferenczi, 1928/2011c, p. 37, grifos meus).

Outro conceito apresentado no texto sobre a "Elasticidade da técnica" é a noção de *tato*, que Ferenczi define como a capacidade do analista de "sentir com" [*Einfühlung*]. "O tato aponta para uma distância justa, nem de mais nem de menos, um poder 'sentir com' sem 'ser como'" (Pinheiro, 2016, p. 105). Trata-se da aptidão do terapeuta para poder se envolver de modo empático e sensível com a causa de seu paciente, entendendo as razões de sua dor e sofrimento, sem se "misturar" com ele, mantendo o distanciamento necessário à alteridade.

Em contrapartida, quando permanece distante e frio, o analista poderia despertar as camadas mais *desamparadas* da mente do analisando, agravando a intensidade de seus mecanismos de defesa e prejudicando o andamento da análise. Ferenczi sabia o quanto esta atitude de "abstinência afetiva" – que ele nomeava de hipocrisia do psicanalista – era danosa ao rumo de qualquer progresso terapêutico.

Por esse olhar, é possível entender que a insensibilidade "impossibilita a capacidade de afetar e ser afetado pelo outro, bloqueando a expressão real dos afetos de amor e de ódio, *produzindo uma consequente diminuição da potência para se afirmar de modo singular*" (Kupermann, 2008, p. 153, grifos meus), podendo comprometer toda a evolução do tratamento psicanalítico.

> *Ferenczi referiu que os pacientes se ressentiam com sua postura fria e neutra e que precisou modificar seu método de análise para vencer os obstáculos – resistências dos pacientes, tais como ausência de associações, faltas, transferência negativa, interrupção do tratamento etc. – consequentes à sua posição subjetiva, a qual os pacientes descreviam como* indiferença. *(Kahtuni & Sanches, 2009, p. 41, grifos meus)*

Se Freud, movido pela *causa* dos sintomas que adoeciam os seus pacientes, foi instigado a ouvir as queixas que estruturavam esses discursos – prática até então inexistente no campo médico –, Ferenczi, por sua vez, motivado pelas *necessidades* de seus analisandos, foi levado a produzir novas escutas e técnicas no processo de análise. Aspectos que, certamente, não invalidam nem diminuem a descoberta de qualquer um desses dois autores.[4] Ambos assumiram o

---

4 Escrevo isso porque é frequente, na psicanálise, o movimento de *enaltecer* um determinado autor por causa da *diminuição* de outro.

compromisso ético de promover as descobertas acerca do psiquismo e amenizar o profundo sofrimento de quem recorria a eles.

No entanto, a divergência de ideias entre os dois foi um episódio que marcou a história da psicanálise. Algumas posturas de Ferenczi foram duramente criticadas por Freud, mas, apesar disso, o mestre de Viena nunca deixou de reconhecer a genialidade de seu discípulo – conforme apontei por meio dos fragmentos do obituário de Ferenczi escrito por Freud.

Ainda sobre o tema do *tato* e da *empatia*, em resposta a uma severa crítica do próprio Freud – que pensava estar ocorrendo uma espécie de transgressão dos moldes da análise padrão pelas mãos de seu fiel escudeiro –, Ferenczi irá lhe escrever que o tato não era, em absoluto, uma concessão a deixar-se levar pelo prazer do fator subjetivo, e menos ainda deveria favorecer a influência dos complexos inconscientes não dominados pelo sujeito. Ele apenas pensava que, "inicialmente, era preciso colocar-se no lugar do paciente, entrar naquilo que ele sente"[5] (Freud & Ferenczi, 2000, p. 372, tradução minha), facilitando as condições do *setting* para acolhê-lo.

Ferenczi passou a se esforçar para exprimir que o trabalho do psicanalista se baseia exatamente no trabalho sobre as *singularidades* – sem desconsiderar o contexto histórico-social de seus analisandos. Nossa atividade consiste justamente na relevância da singularidade, em que "devemos reconhecer o que existe de singular em cada sujeito, que possamos ocupar um certo lugar e, ao mesmo tempo, *possamos escutar e acolher alguém que está falando de um*

5 É no mínimo curioso que, em um texto de 1962 chamado "Os objetivos do tratamento psicanalítico", D. W. Winnicott nos dirá: "Sempre me adapto um pouco às expectativas do indivíduo, de início. Seria desumano não fazê-lo" (1962/1983, p. 152). Irei abordar essas ideias mais profundamente nos capítulos dedicados ao psicanalista britânico.

lugar diferente do nosso" (Birman, 1996, p. 67, grifos meus). Neste sentido, acompanhemos a provocação que Joel Birman nos propõe:

> *O problema central de Ferenczi era se perguntar alguma coisa que qualquer psicanalista honesto com a sua atividade deveria se perguntar todo dia de manhã: "O que é ser psicanalista? O que é essa tal "senhora psicanálise"? Onde Ferenczi incomodou os psicanalistas é que ele colocou e recolocou essas questões repetidas vezes, desde 1929 até o momento de sua morte; formulou diferentes respostas para esse tipo de questão. (Birman, 1996, p. 69)*

Apelidado de *enfant terrible*, Ferenczi foi o primeiro analista a questionar o que, até aquele momento, era inquestionável: *o papel do psicanalista no processo terapêutico*, pois,

> *Ao investigar a intrincada teia de processos psíquicos que envolvem a dupla analítica, incluiu, pela primeira vez, o próprio analista na posição de objeto de pesquisa. Ocupando-se do impacto da* pessoa real do analista *sobre o paciente . . ., ele inaugurou o modelo* intersubjetivo *de ciência no campo da psicanálise. (Kahtuni & Sanches, 2009, p. 2, grifos das autoras)*

No próximo item, proponho uma articulação entre a ideia de "elasticidade" e algumas caraterísticas da prática escolar. Para tanto, descrevo os detalhes de um caso que retrata, em parte, a realidade de alguns professores e alunos de nosso país. O objetivo central será o de assinalar a importância do movimento ferencziano de *reinvenção* da clínica, modificando a técnica ativa e a "análise padrão" para um estilo mais flexível, humano e, sobretudo, empático.

5.3 O caso Gabriel e a prática de uma pedagogia elástica

Gabriel estava com 8 anos de idade, quando chegou à instituição escolar em que eu realizava o meu estágio de docência. Ele havia sido transferido de outro colégio municipal, localizado em uma região interiorana do extremo sertão de Pernambuco. Sua mãe possuía alguns familiares em São Paulo e, por isso, havia decidido partir para a cidade grande em busca de melhores condições de emprego e qualidade de vida.[6] *Em sala de aula, o aluno era extremamente "silencioso" e demonstrava uma enorme dificuldade de copiar os conteúdos da lousa. Além disso, Gabriel sempre evitava participar das aulas, e, quando isso acontecia, a experiência era a pior possível. Durante as chamadas de leitura, por exemplo, o menino mal conseguia ler uma frase até o final. Por causa dessas questões, ele se tornou alvo de zombarias dos outros colegas. Como estagiário, a minha função principal era ficar próximo dos alunos com dificuldades de aprendizagem e auxiliá-los. Essa posição acabou favorecendo o estreitamento dos nossos vínculos. No intervalo – momento em que ele preferia permanecer na sala, evitando sair –, conversávamos sobre como era a sua rotina no interior de Pernambuco. Contou-me, com um acentuado sotaque, que ia para a escola de carroça e, quando retornava, cuidava dos animais que tinham no pequeno sítio da família. Gabriel dizia não gostar de sua vida em São Paulo, pois, segundo ele, não podia sair de casa para nada porque a "rua era perigosa". Nossa proximidade me possibilitou perceber que o garoto sabia ler muito bem, mas não o fazia diante da turma, quando a professora solicitava. Gabriel me falou, então, que "a sua voz era diferente da das pessoas de São Paulo e, por isso, quando ele lia, elas não entendiam e davam risada dele". Ou seja,*

6 Essas informações pessoais que apresento logo de início foram obtidas, posteriormente, por meio de uma reunião convocada pela escola com a mãe do aluno, a qual tive a oportunidade de acompanhar.

a criança reconhecia que estava sofrendo preconceito devido a suas origens regionais, evidenciadas por seu sotaque.

Faço uma pequena pausa no relato para pensarmos juntos o quanto o abismo que pode haver entre o professor e o aluno representa um dispositivo gerador de sofrimento e desigualdade. Quando nos colocamos distantes da realidade histórico-social de nossos estudantes, acabamos julgando os seus comportamentos e dificuldades com base naquilo que enxergamos *externamente.* Não se trata, aqui, de um trabalho psicológico de atendimento e escuta individual, com sessões de cinquenta minutos. Estou me referindo, porém, à nossa capacidade empática de perceber que, quando algum aluno não está bem, o que temos de melhor a oferecer é a *disposição* do nosso tempo para ouvi-lo. No entanto, compreendo todas as dificuldades que esse gesto demanda, ainda mais no cenário atual da educação brasileira: salas superlotadas e remuneração miserável ao profissional escolar, para citar apenas as circunstâncias principais.

"O diálogo deve ser aqui entendido de forma ampla, envolvendo não apenas as palavras, mas também atitudes, gestos e intenções que permeiam a relação professor-aluno" (Villela & Archangelo, 2014, p. 49). Em alguns casos, podemos dizer que o diálogo ocorre independentemente do uso das palavras. Portanto, a crença de que se conhece a criança extraindo dela respostas de conversas estruturadas com perguntas objetivas é uma atitude, no mínimo, questionável. Na maior parte das vezes, os desejos e as aflições infantis aparecem transformados em jogos e brincadeiras ou, como no caso de Gabriel, em um silêncio profundo que não incomoda ninguém, a não ser o *próprio* indivíduo que se cala. Continuo o relato a seguir.

Gabriel desconhecia algumas noções básicas de conduta e educação, porque não faziam parte do seu cotidiano. "Por favor" e "obrigado" não eram expressões frequentes em seu vocabulário. Assim, quando precisava de alguns materiais, acabava tomando de seus amigos, sem permissão – o que produzia algumas discórdias. Em pouco tempo, o rótulo de mal-educado aderiu a Gabriel, que era cada vez mais excluído por seus colegas e demais professores da escola. Incomodado com o rumo da situação, decidi compartilhar alguns bastidores que eu conhecia a respeito da criança, durante a oportunidade que me foi cedida na reunião pedagógica de fechamento do bimestre – realizada junto à coordenação. Busquei ressaltar o quanto os costumes culturais e sociais de Gabriel eram diferentes daqueles dos demais alunos, devido ao contexto em que ele vivia antes de mudar-se para a cidade grande. Compartilhei, com o grupo docente, as histórias que o garoto me contava sobre a vida no sertão, na tentativa de mostrar uma parte de sua realidade. Enquanto falava de sua carência e humildade, lembrei-me de uma frase de Guimarães Rosa, escrita no seu espetacular Grande sertão: veredas *(publicado, originalmente, em 1956): "Sou só um sertanejo, nessas aldeias navego mal. Sou muito pobre coitado. Inveja minha pura é de uns conforme o senhor, em toda leitura e suma doutoração" (2019, n.p.). Com efeito, era igualmente necessário ajudar Gabriel a "navegar" bem em nossas aldeias, antes que ele entrasse para a estatística como mais um número no elevado índice de evasão e fracasso escolar. Os professores, cientes da situação do menino, passaram a "sentir com ele" o quanto o período de adaptação estava sendo árduo e doloroso – o que só foi possível a partir do conhecimento real das vivências do aluno, fornecido por alguém que se dispôs a estar perto dele. Impulsionados pelas diversas inquietações que o desdobramento do caso nos causava, decidimos desenvolver um projeto sobre "regionalismo", abordando as diferentes áreas geográficas do Brasil – especialmente os costumes culturais, as variações linguísticas e, finalmente, os sotaques de cada lugar. Simultaneamente, eu trabalhava com Gabriel a noção de alguns hábitos educacionais, como respeitar o espaço dos colegas, agradecer ao receber algo, pedir permissão antes de pegar qualquer coisa de alguém, desculpar-se por um comportamento impróprio etc. Começamos, também, a propor outras atividades em grupo, que exigiam maior interação das crianças, estabelecendo laços e trocas – sinais da "intersubjetividade", tão presente na clínica ferencziana. A professora de Gabriel, que estava bastante interessada em mudar os rumos daquela turma, teve a brilhante ideia de montar um evento pedagógico com a participação de familiares dos alunos que pertenciam às distintas regiões do país. Com o apoio da direção da escola, pudemos organizar um dia totalmente diferenciado, com direito à degustação de comidas regionais e rodas de conversa sobre os hábitos de vida das famílias que vinham de todas as partes do Brasil. O resultado desse trabalho saiu melhor do que o esperado: além dos alunos terem tido acesso às suas próprias raízes, obtiveram um conhecimento prático de toda a diversidade que compõe a nossa cultura. Assim, muitas crianças que antes riam do sotaque de Gabriel descobriram que os avós de seus melhores amigos, além dos membros de sua própria família, eram imigrantes da mesma região do Nordeste à qual Gabriel pertencia. Quando vivemos na própria pele a realidade do outro, desenvolvemos uma maior sensibilidade para compreendê-la e respeitá-la; uma lição que não se limitaria apenas aos muros da escola, mas certamente seria carregada para toda a vida por aqueles que participaram dessas experiências. E, aqui, me incluo também.*

Partindo desse relato, gostaria de salientar a capacidade "adaptativa" da escola para se adequar às necessidades afetivas e emocionais das crianças. No caso de Gabriel, o ambiente – instituição escolar – se prestou a cuidar de um indivíduo, "sentindo com" ele as marcas da exclusão social. Em um texto também publicado em 1928, intitulado "A adaptação da família à criança", Ferenczi dirá que:

> *De fato, há crianças que apresentam uma constituição tão robusta que suportam da parte de seus pais as medidas mais absurdas; mas são exceções e observemos amiúde que mesmo quando superam essa educação insensata,* deixam escapar uma parte da felicidade *que a vida teria podido propiciar-lhes. Isso deveria incitar aos pais*

> *e educadores* a prestar muito mais atenção *às reações da criança para assim* saber avaliar suas dificuldades. *(Ferenczi, 1928/2011a, p. 6, grifos meus)*

Adaptar os conteúdos previstos no planejamento antecipado só foi uma medida possível em virtude do conhecimento *detalhado* da realidade cotidiana de Gabriel. Quando Ferenczi nos convida a observar as reações da criança frente ao ambiente, ele enfatiza a importância da *receptividade* do meio às singularidades do sujeito. Em sua concepção, "é muito importante entender a que ponto as crianças são sensíveis; mas os pais não o creem; não podem imaginar a extrema sensibilidade de seus filhos" (Ferenczi, 1928/2011a, p. 6).

Estendo esse juízo ao campo educacional, pois muitos professores, enredados nas teias de uma "pedagogia mecanizada", se afastam das esferas emocionais e afetivas que percorrem as relações de aprendizagem, esquecendo-se por completo da *sensibilidade* de seus alunos (e da sua própria).

Nesse sentido, considero que a escola tem muito a aprender com as experiências clínicas de Sándor Ferenczi. Ora, a personalidade inquieta desse autor não sossegava, enquanto ele não encontrasse alguma alternativa efetivamente capaz de ajudar os seus pacientes. Tal característica desperta em nós um sentimento de esperança e fé nas aptidões humanas.

Entretanto, é notório o quanto esse impulso investigador deixou de ser incentivado na maior parte das universidades, que possuem, como única prioridade, a entrega de infinitos relatórios, a apresentação de uma centena de seminários e a realização de incontáveis trabalhos cansativos. Essas instituições promovem a *reprodução* de ideias e, ao mesmo tempo, invalidam a *inovação* do pensamento. Em contrapartida, penso que a existência de uma *formação contínua*, respaldada em argumentos claros e didáticos, nos permite observar alguns sinais de prosperidade, ainda que longínquos. Logo, a apresentação da teoria psicanalítica, sem os excessos do jargão científico e tingida por implicações pessoais, representa um bom recurso para a realização da proposta que estou defendendo nessa pesquisa.

Por meio das contribuições da psicanálise ferencziana orientada por uma ética do cuidado,[7] podemos deduzir que a inteligência e o sucesso escolar não são uma faculdade ou um produto *exclusivo* de um bom funcionamento cognitivo, neurológico e racional. Eles se constroem em um espaço *relacional*. Isso quer dizer que a criança "se faz" inteligente em um "vínculo com os outros, vínculo este que não é alheio à ética e à estética, pois ética, estética e pensamento entrelaçam-se e condicionam-se" (Fernández, 2001, p. 42), estruturando o saber do indivíduo num todo. Nessa mesma linha, Rubem Alves nos adverte que:

> *Sem fome o corpo se recusa a comer. Forçado, ele vomita. Toda experiência de aprendizagem se inicia com uma experiência afetiva. É a fome que põe em funcionamento o aparelho pensador. Fome é afeto. O pensamento nasce do afeto, nasce da fome. Não confundir afeto com beijinhos e carinhos. Afeto, do latim* affetare, *quer dizer ir atrás.* O "afeto" é o movimento da alma na busca do objeto de sua fome. *É o Eros platônico, a fome que faz a alma voar em busca do fruto sonhado. (Alves, 2004, p. 20, grifos meus)*

7 Ao leitor interessado, recomendo a leitura do artigo de M. W. Bouwman "A ética do cuidado na clínica psicanalítica" (2011).

Referências

Alves, R. (2004). *O desejo de ensinar e a arte de aprender.* Fundação Educar DPaschoal.

Balint, M. (1967). *Techniques psychanalytiques.* Basic Books.

Birman, J. (1996). Freud e Ferenczi: confrontos, continuidades e impasses. In C. S. Katz (Org.), *Ferenczi: história, teoria, técnica.* Editora 34.

Bouwman, M. W. (2011). A ética do cuidado na clínica psicanalítica. *Estudos de Psicanálise*, (36), 109-116.

Couto, M. (2016). *Poemas escolhidos: seleção do autor.* Companhia das Letras.

Ferenczi, S. (2011a). A adaptação da família à criança. In S. Ferenczi, *Obras completas* (vol. 4). Martins Fontes. (Trabalho originalmente publicado em 1928)

Ferenczi, S. (2011b). Contraindicações da técnica ativa. In S. Ferenczi, *Obras completas* (vol. 3). Martins Fontes. (Trabalho originalmente publicado em 1926)

Ferenczi, S. (2011c). Elasticidade da técnica psicanalítica. In S. Ferenczi, *Obras completas* (vol. 4). Martins Fontes. (Trabalho originalmente publicado em 1928)

Ferenczi, S. (2011d). Sintomas transitórios no decorrer de uma psicanálise. In S. Ferenczi, *Obras completas* (vol. 1). Martins Fontes. (Trabalho originalmente publicado em 1912)

Ferenczi, S. (2011e). Dificuldades técnicas de uma análise de histeria. In S. Ferenczi, *Obras completas* (vol. 3). Martins Fontes. (Trabalho originalmente publicado em 1919)

Ferenczi, S. (2011f). Prolongamentos da técnica ativa. In S. Ferenczi, *Obras completas* (vol. 3). Martins Fontes. (Trabalho originalmente publicado em 1921)

Fernández, A. (2001). *O saber em jogo: a psicopedagogia propiciando autorias de pensamento*. Artmed Editora.

Freud, S. & Ferenczi, S. (2000). *Correspondence: 1920-1933*. Calmann-Lévy.

Freud, S. (2010). História de uma neurose infantil ("O homem dos lobos"). In S. Freud, *Obras completas* (vol. 14). Companhia das Letras. (Trabalho originalmente publicado em [1914] 1918)

Freud, S. (2017). Lembrar, repetir e perlaborar. In S. Freud, *Fundamentos da clínica psicanalítica. Obras incompletas de Sigmund Freud* (vol. 6). Autêntica. (Trabalho originalmente publicado em 1914)

Freud, S. (2018). Análise terminável e interminável. In S. Freud, *Obras completas* (vol. 19). Companhia das Letras. (Trabalho originalmente publicado em 1937)

Kahtuni, H. C. & Sanches, G. P. (2009). *Dicionário do pensamento de Sándor Ferenczi: uma contribuição à clínica psicanalítica contemporânea*. Campus/Elsevier/Fapesp.

Kupermann, D. (2008). *Presença sensível: cuidado e criação na clínica psicanalítica*. Civilização Brasileira.

Kupermann, D. (2019). *Por que Ferenczi?* Zagodoni.

Laplanche, J. & Pontalis, J.-B. (2001). *Vocabulário da psicanálise*. Martins Fontes.

Neruda, P. (2000). *Confesso que vivi*. Bertrand Brasil.

Pinheiro, T. (1995). *Ferenczi: do grito à palavra*. UFRJ.

Pinheiro, T. (2016). *Ferenczi*. Casa do Psicólogo.

Quinodoz, J.-M. (2007). *Ler Freud: guia de leitura da obra se S. Freud*. Artmed.

Rosa, G. (2019). *Grande sertão: veredas.* Companhia das Letras. (E-book).

Villela, F. C. B. & Archangelo, A. (2014). *A escola significativa e o professor diante do aluno.* Loyola. (Coleção A escola significativa)

Winnicott, D. W. (1983). Os objetivos do tratamento psicanalítico. In D. W. Winnicott, *O ambiente e os processos de maturação: estudos sobre a teoria do desenvolvimento emocional.* Artmed. (Trabalho originalmente publicado em 1962)

6. A teoria do trauma de Sándor Ferenczi e sua importância à prática educacional[1]

6.1 Compreendendo a concepção de trauma para Ferenczi

o que é mais forte
que um coração humano
que se despedaça uma e outra vez
e continua vivendo

Kaur, 2018, n.p.

As construções finais da teoria do trauma na obra de Ferenczi encontram-se, mais precisamente, em seus últimos escritos (Daniel Kupermann aponta a "virada de 1928", quando Ferenczi "se tornaria crítico implacável" da clínica excessivamente interpretativa,

1 Algumas passagens que compõem esta parte da pesquisa, apesar de amplamente modificadas, já foram apresentadas no capítulo "Sándor Ferenczi e William Styron: a ética do cuidado e seus efeitos na depressão", produzido por Alexandre Patricio de Almeida e Paula Regina Peron, presente no livro *Perto das trevas: a depressão em seis perspectivas psicanalíticas*, de Almeida & Naffah Neto (2022).

compondo princípios para uma *ética do cuidado*), dos quais destacamos: "A adaptação da família à criança", de 1928; "A criança mal acolhida e sua pulsão de morte", de 1929, "Análises de crianças com adultos", de 1931; "Confusão de línguas entre os adultos e a criança", de 1933; e, ainda, o artigo de 1934, publicado postumamente, "Reflexões sobre o trauma".

Ferenczi elabora um enredo que terá como eixo central a *violência sexual* de um adulto sobre uma criança. A história poderia ser resumida assim: uma criança interage com um adulto numa linguagem lúdica, inocente, da *ternura* – como designa o próprio autor, sendo que a "ternura é aqui entendida não como ausência de sexualidade, mas como anterior à sexualidade genital" (Pinheiro, 1993, p. 52). O adulto, por sua vez, não reconhece a linguagem da ternura do infante e, desse modo, o toma como um semelhante, compreendendo a interação da criança como da ordem da *sedução*, do genital, provocando uma "confusão de línguas". Lemos em Ferenczi:

> *As seduções incestuosas produzem-se habitualmente assim: um adulto e uma criança amam-se; a criança tem fantasias lúdicas; como desempenhar um papel maternal em relação ao adulto. O jogo pode assumir uma forma erótica, mas conserva-se, porém, sempre no nível da ternura. Não é o que se passa com os adultos se tiverem tendências psicopatológicas* . . .. Confundem as brincadeiras infantis com os desejos de uma pessoa que atingiu a maturidade sexual, e deixam-se arrastar para a prática de atos sexuais sem pensar nas consequências. *(Ferenczi, 1933/2011c, p. 116, grifos meus)*

Nos atentando à leitura desse trecho, fica evidente que o autor se refere, de modo explícito, a uma experiência de *abuso sexual*, infelizmente, ainda tão comum em nossa realidade. Segundo dados recentes publicados pela Unicef (2021), nos últimos quatro anos, 180 mil meninas e meninos sofreram violência sexual no Brasil.

No entanto, é necessário considerar o fato de que a experiência traumática pode consistir em um gesto de agressividade que *não pertence apenas* à brutalidade do abuso sexual, ou seja, diversas outras atitudes podem ser *interpretadas* e *vividas* como traumas pelo frágil psiquismo infantil – tais ações de agressão cometidas pelo adulto ou pelo ambiente serão mais bem exploradas ao longo deste capítulo.

Pois bem, seguindo com as suas descobertas clínicas e teóricas, Ferenczi nos dirá que, frente a essa situação de violência, resta à criança uma única saída: sem ter forças para lutar contra a vontade do agressor, que, na maioria das vezes, *é um membro de sua família*, ela se submete, então, às imposições de tais atos violentos, obedecendo ao desejo do abusador e esquecendo-se de si mesma, "*identificando-se totalmente com o agressor*" (Ferenczi, 1933/2011c, p. 117, grifos do autor). "Por identificação, digamos, por *introjeção do agressor*, este desaparece enquanto realidade exterior, e torna-se *intrapsíquico*" (Ferenczi, 1933/2011c, p. 117, grifos meus).

Em outras palavras, quando a vítima não pode lutar contra o seu abusador, ela acaba colocando "ele para dentro". Esse "espectro" passa, então, a residir como uma entidade assombrosa no interior da morada psíquica do indivíduo, podendo formar um superego[2] tirânico e potencialmente destrutivo.

Segundo o autor, essa identificação, fomentada pelo mecanismo de introjeção, é produto da própria violência e também do fato de que o adulto agressor sentiria culpa após fazer mal à criança. Contudo,

2 Ver Freud (1923). De acordo com a segunda teoria freudiana do aparelho psíquico – a segunda tópica –, o superego é o conjunto das forças morais inibidoras que se desenvolvem sob a influência da educação durante o processo de socialização, sendo um resultado do complexo de Édipo.

esse sentimento que é negado pelo próprio abusador permaneceria *introjetado* no psiquismo infantil – a vítima assume, assim, uma responsabilidade que não é dela. Nas palavras de Ferenczi:

> *Se a criança se recupera de tal agressão, ficará sentindo, no entanto, uma enorme confusão; a bem dizer,* já está dividida, ao mesmo tempo inocente e culpada, *e sua confiança no testemunho de seus próprios sentidos está desfeita.* Some-se a isso o comportamento grosseiro do adulto, ainda mais irritado e atormentado pelo remorso, o que torna a criança ainda mais profundamente consciente de sua falta e ainda mais envergonhada. *Quase sempre, o agressor comporta-se como se nada tivesse acontecido e consola-se com a ideia:* "Oh, é apenas uma criança, ainda não sabe nada dessas coisas e acabará esquecendo tudo isso". *(Ferenczi, 1933/2011c, p. 117, grifos meus)*

A última frase dessa citação é algo que sacudiu a minha memória. Quantas vezes, durante a infância, nos recordamos de ter ouvido essa mesma expressão repetida, especialmente, no interior das escolas?

Muitas agressões verbais que hoje facilmente se encaixariam na categoria de *bullying* eram desprezadas por alguns professores, que pouco se importavam com as nossas queixas e as dos outros colegas, reproduzindo, de forma literal, a sentença: "Ah, isso é coisa de criança e em breve eles vão se esquecer de tudo!". O grande problema é que, apesar de crescermos, tais experiências permanecem registradas no nosso psiquismo, como a marca feita a ferro quente no couro do gado.

Quando uma ação de violência cometida tanto por outra criança como por um professor (ou até mesmo alguém da família) é negada na dimensão de sua importância, os impactos dessa atitude são caóticos e instauram um verdadeiro colapso na mente da vítima. Muitos assumem, genuinamente, as ofensas das quais são alvo como parte *integrante* de sua identidade – *incorporando-as* – e carregam consigo esses fantasmas perseguidores para o resto de suas vidas, o que afeta sua autoestima e a qualidade de suas relações interpessoais – aqui notamos as ressonâncias do superego tirânico.

Outros, no entanto, identificam-se *completamente* com a imagem do agressor e, em um futuro não muito distante, acabam repetindo a barbárie contra todos da escola que, no passado, nada fizeram para estancar a sangria de seu sofrimento.[3] Nesse sentido, os terríveis massacres a que assistimos ano após ano, em diversos países do mundo, são exemplos vivos da incapacidade da instituição escolar em *ouvir* a queixa desses alunos.

É interessante, no entanto, que o leitor entenda de que forma acontece essa "instalação" do agressor no interior da psique da vítima.

Pois bem, no desespero de encontrar um lugar que ofereça abrigo e reconhecimento, é normal que o indivíduo que sofre o trauma busque por alguém que seja capaz de atribuir algum sentido à violência cometida. Esse adulto, não suportando o relato da criança, *desmente-a*, exigindo, de maneira radical, que a história escutada não passe de uma *fantasia infantil*, fruto de sua imaginação (Pinheiro, 1993). Ferenczi, portanto, atribui ao *desmentido* (*Verleugnung*) o maior peso no processo de "alojamento" do trauma.

O *desmentido* impossibilita a *inscrição psíquica* total ou parcial do evento traumático, podendo restar apenas uma lembrança sensorial

---

3 Lembrando que, nesse caso, há também aqueles indivíduos que invadem anos depois as escolas em que estudaram, descarregando os seus impulsos em inocentes que nada tiveram a ver com as marcas originais do evento traumático. O *espectro do agressor* introjetado busca somente a destruição da escola como um representante (simbólico) maior do trauma.

marcada no corpo, vazia de sentido e de representação. "Trata-se de uma marcação inacessível, porém existente" (Pinheiro, 1993, p. 52).

Na tentativa bem-sucedida de sistematizar o pensamento de Ferenczi, Daniel Kupermann (2019b) nos apresenta o seguinte resumo:

> *1) a violação cometida pelo adulto* agressor *remete a criança ao* tempo do indizível, *primeiro tempo do trauma, que lhe provoca dor/angústia traumática; 2) o gesto da criança em direção a outro adulto confiável capaz de auxiliá-la a simbolizar a* dor *promovida pela violação caracteriza o segundo tempo do trauma, o tempo do testemunho, decisivo para a consecução do evento; 3) finalmente, a* Verleugnung *perpetrada pelo* segundo *adulto, que acarreta o fracasso do testemunho da criança, caracteriza o tempo do desmentido, completando o círculo vicioso da traumatogênese. A criança padece então da* agonia *insuportável e recorre à* desautorização *por meio da* identificação com seu agressor, *que promove a incorporação da culpa pela catástrofe sofrida, negando as evidências e contradizendo suas próprias percepções. (p. 65, grifos do autor e enumeração meus)*

Com efeito, Gondar (2017) afirma: "Quando o fato real invade o plano psíquico – como no caso do abuso –, não é possível haver recalque, *já que o ocorrido ultrapassa qualquer possibilidade de inscrição psíquica*" (p. 95, grifos meus). Nessa situação, o Eu, então, se cinde em duas partes que não mantêm contato entre si: *um Eu que sabe e um Eu que sente.* Essas partes *não se aproximam uma da outra*, não interagem e tampouco se comunicam.

O Eu que estabelece relações com o mundo permanece *anestesiado* – e, com isso, pode acabar amadurecendo rápido demais, como os frutos que amadurecem antes do tempo estimado devido às bicadas dos pássaros, figura usada por Ferenczi: "Pensa-se nos frutos que ficam maduros e saborosos depressa demais, quando o bico de um pássaro os fere, e na maturidade apressada de um fruto bichado" (Ferenczi, 1933/2011c, p. 104). Já o Eu que sente permanece afastado do mundo externo, protegendo a criança dos perigos reais. No seu *Diário clínico* (1932/1990), Ferenczi irá nomear os instintos vitais organizadores do psiquismo de *Orpha*. Vejamos:

> *A enormidade do sofrimento, do desamparo, a ausência de esperança de qualquer ajuda exterior, impelem para a morte; mas, após a perda ou o abandono do pensamento consciente, instintos vitais organizadores (*"orpha"*) são despertados,* trazendo a loucura ao invés da morte. *(Ferenczi, 1932/1990, pp. 40-41, grifos meus)*

De acordo com Kahtuni e Sanches (2009), a crença de Ferenczi na capacidade de resiliência do ser humano o fez reconhecer o esforço psíquico gigantesco de muitos de seus pacientes que, em circunstâncias de vida desesperadoras, nas quais nenhum recurso externo ou interno parece estar disponível, encontram algum modo de sobrevivência, ainda que isso lhes custe a *desintegração psíquica*. É como se, na ocasião em que todas as forças desaparecem, uma *operação defensiva radical* entrasse em cena: a personalidade se divide, produzindo uma pequena porção materna, algo como um *anjo da guarda* que vem ao socorro da criança. "Um ser singular para o qual a conservação da vida tem importância, 'custe o que custar' (*orpha*)" (Ferenczi, 1932/1990, p. 41).

Entretanto, a tese ferencziana acerca de uma parte da psique que permanece clivada após a experiência traumática, manifestando muita maturidade, já havia sido apresentada em sua obra em 1923, nas linhas de um pequeno artigo chamado "O sonho do bebê sábio". Cito-o:

> *Não é raro ouvir pacientes contarem sonhos em que recém-nascidos, bebês de cueiros[4] ou crianças muito pequenas são capazes de falar ou escrever com perfeita desenvoltura, brindar seu meio com falas profundas ou sustentar conversas de erudito, proferir discursos, dar explicações científicas e assim por diante. (Ferenczi, 1923/2011, p. 223)*

Em 1931, Ferenczi retoma essa ideia com o intuito de descrever a subjetividade de pacientes que precisaram se desenvolver rápido demais devido às circunstâncias externas. Pelo processo de condensação, predominante nos sonhos, a imagem da fragilidade da infância aparece reunida à da sabedoria do adulto. Esse conteúdo evidencia claramente os processos de clivagem procedentes dos eventos traumáticos; a figura de um bebê (frágil) contrastando com um comportamento adulto.

Tais descobertas possuem uma enorme relevância para o campo pedagógico, pois um professor atento e empático – apoiado pela instituição escolar –, conhecedor dos fenômenos que estruturam o trauma, poderá ser capaz de perceber a diferença entre as crianças naturalmente bem-dotadas e aquelas que desenvolveram suas habilidades e recursos intelectuais pelas vias traumáticas e que, exatamente por isso, irão precisar de um acompanhamento especializado (quando existem condições para tanto). Esclareço: um indivíduo que passou por um trauma e desenvolveu uma inteligência "artificialmente"

4 Cueiro é uma mantinha pequena, muito comum nos enxovais de antigamente, geralmente em um tecido um pouquinho mais grosso que uma fralda, que serve para enrolar o bebê.

avançada geralmente apresenta a ausência de brilho nos olhos, um semblante desvitalizado, como se estivesse funcionando no "automático", perdido e sem rumo. Ele não *brinca* ou *comemora* a conquista de suas notas altas. Demonstra uma espécie de anestesia diante da vida (*nada sente*). A criança "naturalmente" superdotada não costuma carregar esses traços em sua personalidade.

Devemos lembrar, porém, que a clivagem é uma *defesa* realizada pelo psiquismo do sujeito para não sucumbir à dor e à desorganização que lhe foram impostas de fora, forçadamente (Ferenczi, 1931/2011b). No movimento defensivo, "a criança, para se proteger, sai de si mesma, toma distância de si própria e de seu entorno, como se observasse tudo o que acontece de muito longe, 'lá de cima', 'como num filme'" (Gondar, 2017, p. 95).

Na vida cotidiana não é raro encontrarmos indivíduos que "sabem de tudo", ou seja, desenvolvem uma espécie de um "intelecto hipertrofiado", mas conservam a sua "parte" subjetiva bastante enclausurada e inacessível; em contrapartida, temos pessoas extremamente sensíveis que possuem as suas emoções em total "desequilíbrio", trazendo consigo uma imensa dificuldade de racionalizar alguns aspectos da vida.

Nas escolas é comum notarmos algumas crianças que apresentam uma dessas duas "configurações" de funcionamento psíquico. Recordo-me agora, ligeiramente, de um aluno que teve de assumir responsabilidades em relação a sua família, precisando cuidar dos seus irmãos mais novos e dos afazeres da casa, em uma idade muito precoce. Isso acontecia em razão da ausência de sua mãe, que era obrigada a passar a maior parte do dia fora, por conta de suas demandas de trabalho, pois era ela quem arcava com as despesas do lar sozinha. O menino em questão demonstrava ser extremamente maduro, comportando-se como um "pequeno adulto", além de possuir uma inteligência notável e uma racionalidade significativa – tudo isso com apenas 6 anos de idade. No entanto, os seus aspectos afetivos pareciam estar "descolados" de si; esse aluno quase não se expressava emocionalmente, tendo dificuldades para se relacionar com os amigos e professores.

Ora, o que eu pretendo esclarecer com a intenção de ampliar o escopo do nosso debate é que, conforme assinalado anteriormente, uma vivência, para ser considerada um trauma – e será Winnicott quem melhor irá desenvolver essas ideias –, *não precisa pertencer à ordem de um abuso sexual ou de um espancamento físico.*

6.2 A criança mal acolhida: uma perspectiva crítica

sua mãe
tem essa mania
de dar mais amor
do que você pode carregar
seu pai está ausente
você é uma guerra
a fronteira entre dois países
o dano colateral
o paradoxo que os une
mas também os separa

Kaur, 2017, p. 32

Seguindo o fio condutor das ideias anteriores, Ferenczi nos dirá que um sujeito que se defendeu de situações traumáticas por meio de clivagens porta uma dor *tão insuportável* que fica "marcado por traços neuróticos e acaba soçobrando ainda mais profundamente no *não-ser ou na vontade de não ser*" (Ferenczi, 1932/1990, p. 74, grifos meus).

Para entender essa afirmação, é necessário voltar alguns anos e ir ao encontro de outro trabalho relevante. Refiro-me ao ensaio

"A criança mal acolhida e sua pulsão de morte", de 1929. Nele, o psicanalista prioriza a importância do efetivo acolhimento do *campo de cuidados* para com a criança. Caso contrário, as pulsões de morte serão impulsionadas, fragilizando o vínculo com a vida e buscando a *autodestruição*, ou seja, o *não ser*. Essa ideia carrega um novo olhar sobre a contribuição original de Freud ao tema da *pulsão de morte*, formulada no clássico "Além do princípio do prazer", de 1920. Kupermann (2019b), nesse sentido, aponta que:

> *a partir de sua experiência com os casos difíceis com os quais lidava, Ferenczi concebera uma leitura das relações estabelecidas no aparelho psíquico entre pulsões de vida e pulsão de morte inteiramente referida ao estatuto da presença do outro/cuidador. O recém-nascido, por encontrar-se tão próximo ao indiferenciado (o "não ser individual"), estaria, assim, mais suscetível às manobras de Tânatos, e dependente dos cuidados recebidos de maneiras a despertar e incrementar sua "força vital" proporcionando-lhe, assim, o "prazer de viver". (pp. 55-56)*

Para Ferenczi, no recém-nascido as forças de Eros são menos presentes do que se poderia imaginar. O bebê nasce em um estado de extremo desamparo e precisa de condições favoráveis para poder *vir a ser* e *ter um Eu minimamente organizado*. Os sujeitos que não tiveram a oportunidade de contar com esses cuidados iniciais simplesmente perdem os seus ímpetos para viver (biológica ou psiquicamente). Assim, diferente da hipótese freudiana, o autor de Budapeste não pensa na constituição psíquica como um funcionamento autônomo dos fenômenos vitais, "como um emaranhado de manifestações de duas pulsões básicas, a de vida e a de morte, não subordinado às relações intersubjetivas que constituem a história de cada um" (Herzog & Pacheco-Ferreira, 2015, p. 87).

Recordemos também que, mais tarde, Ferenczi se pronuncia explicitamente contra a tese freudiana em um documento não publicado oficialmente e descoberto apenas recentemente (Dupont, 1998), em que escreve em inglês: "*Nothing but life-instincts. Death-instincts, a mistake (Pessimistic)*" (p. 78) – "Nada além de instintos de vida. Instintos de morte, um erro (Pessimista)" (tradução minha). No entanto, voltando ao artigo de 1929, o autor nos dirá:

> *Todos os indícios confirmam que essas crianças registraram bem* os sinais conscientes e inconscientes de aversão ou impaciência da mãe, e que sua vontade de viver viu-se desde então quebrada. *Os menores acontecimentos, no decorrer da vida posterior, eram bastantes para suscitar nelas a vontade de morrer, mesmo que fosse compensada por uma forte tensão da vontade. (Ferenczi, 1929/2011a, p. 57, grifos meus)*

Na introdução desta pesquisa, afirmei a necessidade de encontrarmos uma teoria que compreenda o indivíduo e sua relação com o mundo, superando as clássicas categorias fechadas: *sujeito e objeto, subjetivo e objetivo, individual e social.* É fundamental construir um *estilo* que tenha como foco os fenômenos escolares não como efeitos mecânicos de determinações sociais, tampouco como produto de um mundo interno e de subjetividades que se formam independentemente do contexto histórico sociocultural. Também não me contento com os estudos que almejam estabelecer uma relação forçada, de externalidade, de causa e efeito, ignorando a existência de paradigmas diversos e inconciliáveis.

Propor a articulação da técnica psicanalítica com as questões escolares exige, a meu ver, uma capacidade de se *movimentar*, buscando articulações aqui e acolá, como uma espécie de dança. Penso, aqui, na complexidade do tango, com as suas elaboradas passagens de pernas e trocas de posições, sem a perda essencial da harmonia – o que torna esse ritmo tão belo e fascinante. Essa excursão pelos confins teóricos e práticos vai muito além de um percurso norteado por meras dicotomias.

Neste sentido, certamente podemos formular algumas considerações a respeito da *criança mal acolhida e sua pulsão de morte*, procurando ser o mais justos possível com as diversidades de nossa realidade social – devastada por desigualdades. Assim, gostaria de propor ao leitor que pensássemos em duas formas de traumatizações: uma *ativa* e outra *passiva* que, apesar de singulares, *não se anulam.* Longe disso, essa perspectiva de leitura estende a compreensão das tramas escolares entrelaçadas à teoria ferencziana.

O trauma *ativo* se relaciona às intervenções diretas e propositais – ainda que inconscientes – do ambiente, como um ato de agressão, o abandono intencional, ou o próprio abuso sexual, por exemplo. Já o trauma *passivo* está ligado aos fatores que caracterizam o contexto cultural, econômico e, sobretudo, enfatiza a *importância do papel das políticas públicas* na educação dos indivíduos – essa configuração traumática não indica a responsabilidade *intencional* da família.

Pois bem, em inúmeros cenários ocorre uma espécie de "negligência proposital" – como em ambientes familiares que são constituídos por ações de violência (física ou emocional), indiferença afetiva em relação ao bebê e intensas situações de desamparo – constituindo atitudes que, muitas vezes, revelam a *falta de desejo* dos pais sobre a criança, seja por imaturidade ou por outras questões particulares. Notamos que os sujeitos frutos desses lares poderão apresentar, mais cedo ou mais tarde, sinais de *desvitalização psíquica* e um intenso *desinteresse* pelas esferas da vida, incluindo a aprendizagem. Ainda nessas condições, podemos incluir não apenas os contextos de vulnerabilidade, mas também as realidades mais favorecidas economicamente, nas quais identificamos crianças que, na mesma proporção, sofrem as mazelas do abandono, em virtude da rotina "repleta de futilidades" de pais descompromissados com o cuidado de seus filhos, que acabam *terceirizando* essa tarefa aos seus funcionários (babás, escolas caríssimas e outros serviços). Verificamos, aqui, exemplos de *traumas ativos.*

Em compensação, uma mãe que precisa passar o dia fora, pois é a única responsável pela renda financeira da casa, não tem, de modo algum, a *intenção* de deixar os seus filhos numa condição de desamparo. Pelo contrário, muitas delas carregam as marcas dolorosas da culpa produzida pelos efeitos da negligência estatal – um tipo de "identificação com o agressor". É o Estado que, de certa forma, "força" esse processo, já que, em uma condição de *carência* (comum nas periferias), os pais são frequentemente privados de recursos públicos que assegurem qualquer tipo de apoio para a educação dessas crianças. Tais características compõem o que chamei de *traumatismo passivo.*

Enxergar o mesmo fenômeno por diversas lentes é um movimento que nos ajuda a evitar uma concepção *reducionista* dos conceitos. Logo, quando observamos a questão da "criança mal acolhida" levando em conta as variedades de contexto social, atribuímos outros sentidos às causas do abandono, *sem desprezar a individualidade do sujeito*. Neste ponto da pesquisa, temos uma boa oportunidade para descontruir a premissa leviana de que a psicanálise *pura* e *simplesmente* responsabiliza a família pelos sintomas do paciente ou, no nosso caso em específico, pelas dificuldades de aprendizagem dos alunos. Quando tomamos ciência de que alguns setores da sociedade são *vítimas* do descaso governamental, descobrimos as tramas de um sistema operado pelas classes dominantes e constituído por um modelo de governo que está pouco preocupado com as classes menos favorecidas da população.

Na tentativa de relacionar a importância desse aspecto à prática psicanalítica, Eduardo Leal Cunha (2021), em um ensaio recente, salienta que:

> *No que diz respeito à psicanálise, isso significa que se antes os psicanalistas precisavam sair do consultório para fazer política, algo inclusive a que muitos se recusavam, minha hipótese de trabalho é que* a política foi trazida para dentro do consultório, *passando a emergir dentro dele como núcleo. Política, agora reconfigurada,* a partir da esfera da intimidade e diretamente articulada aos modos como nos constituímos a nós mesmos como sujeitos e estabelecemos laços afetivos, eróticos e sociais com o outro. *(Cunha, 2021, p. 21, grifos meus)*

Nesta perspectiva, generalizar os efeitos do trauma como uma condição que afeta a todos nas mesmas proporções, independentemente do cenário social, seria o mesmo que desprezar a singularidade do humano. Quando consideramos as variações do contexto, vamos ao encontro de uma proposta de ação plural, histórica e crítica, voltada para a educação do homem como um "*sujeito de sua história* e não do homem 'objeto' das relações de dominação que se inscrevem na sociedade cindida em classes antagônicas" (Larocca, 1999, p. 180, grifos meus). A situação da pandemia que estamos enfrentando até hoje nos mostra perfeitamente a necessidade desse olhar.

6.3 A pandemia da covid-19: um grande desmentido social

Foi assim
No dia em que todas as pessoas do planeta inteiro
Resolveram que ninguém ia sair de casa
Como que se fosse combinado, em todo o planeta
Naquele dia ninguém saiu de casa
Ninguém
O empregado não saiu pro seu trabalho
Pois sabia que o patrão também não tava lá
Dona de casa não saiu pra comprar pão
Pois sabia que o padeiro também não tava lá

Raul Seixas, "O dia em que a Terra parou", 1977

Em março de 2020, a covid-19 fatalmente bateu em nossas portas. Todos os povos, nos mais diversos cantos do planeta, foram assolados por uma ameaça invisível que passou a desestabilizar as atuais condições de segurança. Não que elas existissem de verdade, mas antes da pandemia acreditávamos possuir alguma certeza sobre a vida – pelo menos a garantia da continuidade da rotina. Entretanto, fomos surpreendidos pelas rédeas do isolamento social e apresentados (contra a nossa vontade) ao novo formato de cotidiano instituído pelo vírus. Somou-se a isso a imensurável avalanche de mortes repentinas que, de imediato, nos convocou a refletir sobre o significado do luto e atingiu em cheio a nossa relação com a finitude.

Em seu texto "Considerações contemporâneas sobre a guerra e a morte", de 1915, Freud descreve um pensamento que nos soa assustadoramente atual:

> Não seria melhor dar à morte o lugar que lhe é devido na realidade e em nossos pensamentos, *e colocar um*

> *pouco mais à mostra a nossa posição inconsciente em relação à morte, que até agora reprimimos [*unterdrückt*] cuidadosamente? Isso não parece ser nenhuma realização mais elevada, mas muito mais um passo atrás em muitos aspectos, uma regressão, mas tem a vantagem de melhor considerar a força da verdade e de nos tornar a vida mais tolerável novamente. (Freud, 1915/2020, p. 132, grifos meus)*

Observando com atenção o cenário atual, aparentemente seguimos pela direção oposta das ideias de Freud. Foi preciso passar por cima dos corpos para seguir o ritmo da vida cotidiana. Contudo, "não seria melhor dar à morte o lugar que lhe é devido na realidade e em nossos pensamentos . . .?", escreve Freud (1915/2020). Dar o devido lugar à morte não equivale, de maneira alguma, a negá-la ou simplesmente ignorá-la. Freud refere-se à importância de a morte ser vivenciada, encarada e, sobretudo, *sentida*.

O processo de luto se faz por meio da *partilha* e do *trabalho social*. Conversando com o outro, chorando as lágrimas necessárias e sentindo o conforto de um abraço de pêsames – gestos e atitudes que nos auxiliam a lidar com as perdas e, por conseguinte, a elaborá-las (Homem, 2020). Todavia, durante o auge do pico pandêmico não pudemos realizar velórios, tampouco tivemos a oportunidade de nos abraçar e compartilhar os nossos lamentos. Na ausência do ritual de despedida, o símbolo da morte não se fecha, nem se cumpre. Pelo contrário, ele permanece aberto e pulsando (como uma ferida em *carne viva*).

Nas escolas, os professores precisaram se adaptar do dia para a noite a uma dinâmica de ensino *on-line* que, antes da covid-19, ocupava apenas uma pequena parcela das atividades de algumas matérias selecionadas. A modalidade remota se mostrou, porém, como a única alternativa eficaz naquele momento desordenado.

Sem tempo para absorver tais mudanças, esses profissionais tiveram que, num passe de mágica, aprender a lidar com as novas plataformas de ensino, do mesmo modo que os alunos e as famílias passavam a se habituar com o ritmo das novas exigências escolares. Foi tudo muito rápido e apressado, atropelando uma cadeia de sentimentos que deveriam ter ganhado um mínimo de contorno.

Na tentativa de realizar uma costura dessa realidade sombria à teoria psicanalítica, mergulhemos, mais uma vez, na metapsicologia do trauma proposta por Ferenczi – mais precisamente no conceito de *desmentido* (*Verleugnung*). Vejamos o que nos diz Figueiredo (2002):

> *A famosa tese do trauma por desmentido, desenvolvida por Ferenczi em seus últimos trabalhos (Ferenczi, 1931, 1932, 1933), é uma modalidade específica do que chamaríamos de trauma por ausência de regressão. Quando o adulto pode assumir e acolher o sofrimento da criança, o traumático pode ser, ao menos parcialmente, aliviado e liquidado porque o movimento de regressão pode se desenvolver na medida das necessidades.* Caso contrário, quando o adulto é levado a desmentir o sofrimento e desqualificar esta dor, recusando sua existência ou sua razão de ser, negando sua legitimidade e ocultando suas fontes . . ., não há outro destino para o trauma além dele mesmo (uma ruptura inesperada) e de seus efeitos automáticos: a fragmentação e as defesas baseadas em clivagens e petrificações. *(p. 920, grifos meus)*

Seguindo nessa direção, é possível esboçar algumas considerações, ainda que bastante gerais, acerca do panorama caótico que se instalou com a chegada da pandemia: professores e alunos desesperados por terem de se habituar a uma rotina totalmente nova e que assistiam, passivamente, às suas queixas caindo no vazio da ausência de um *testemunho* que validasse os seus sofrimentos e insatisfações.

Diversos educadores não encontraram apoio na própria instituição escolar, que, por sua vez, também estava desamparada pelo Estado – é preciso recordar o fato de que muitas escolas particulares não receberam qualquer auxílio financeiro do governo para se manter funcionando e, da mesma maneira, várias instituições públicas ficaram perdidas, sem as orientações das "Diretorias de Ensino", que mal sabiam o que fazer. Acrescenta-se a isso a incompetência do poder público em conter a disseminação da covid-19, o abafamento dos números de contágios e óbitos, e a falta de comprometimento com as pastas relacionadas à educação.[5]

Identificamos, assim, o que podemos nomear de um "desmentido social"; crianças assustadas que não podiam contar com o apoio dos pais e dos professores que também estavam desamparados pela carência de qualquer espaço que fosse bom o suficiente para atribuir algum sentido às suas angústias e inseguranças – a maioria desses profissionais, aliás, nem sequer tinha certeza de que permaneceria empregada até o final do ano letivo de 2020.

5 Uma matéria publicada em 22 de julho de 2020, no Caderno de Economia do UOL, destaca uma fala do presidente da Fenep (Federação Nacional das Escolas Particulares), Ademar Batista Pereira, que estima que 10% das escolas de educação infantil particulares já tinham fechado no Brasil, e as unidades destinadas a crianças de 0 a 5 anos tinham perdido 60% dos alunos. O cenário era mais grave nas instituições para crianças menores ainda, de 0 a 3 anos, e naquelas de periferia. O Semeei, sindicato que representa as escolas de educação infantil, previa que 80% dos colégios para essa faixa etária (dos 12 mil existentes no estado) não conseguiriam reabrir em setembro de 2020 (Marques, 2020).

O trauma, encorpado pelo fenômeno do desmentido, é algo extremamente desorganizador (Ferenczi, 1933/2011c), gerando rupturas, complexas formas de sofrimento, além de paralisar o sujeito – conforme destacou Figueiredo (2002). Nesse sentido, é possível supormos que as transformações que se impuseram na vida dos educadores tiveram um impacto expressivo na constituição dos mais diversos estados de adoecimento psíquico (da depressão ao pânico, por exemplo).

Uma matéria publicada pela BBC News, em 11 de maio de 2020, evidencia que, durante o período crítico de quarentena, foi possível observar que muitos professores e alunos afirmavam estar funcionando de "forma automática", apenas cumprindo as obrigações impostas pela instituição escolar – os professores buscavam alcançar as metas delineadas nos planejamentos, enquanto os alunos faziam o mínimo para não reprovar, dentro de suas condições limitantes (Borges, 2020).

No entanto, é preciso ressaltar que um professor só será capaz de acolher seus alunos caso ele próprio tiver sido, em primeiro lugar, acolhido e cuidado. Desse modo, cruzamos a nossa discussão com o vértice das políticas públicas, pois uma instituição educacional somente poderá prestar esse tipo de serviço se ela também estiver sendo *amparada* pelo Estado. Não é o que notamos, todavia. O nosso atual governo, além de não oferecer assistência, busca *invalidar* a todo custo as queixas da população.

Com efeito, diversas escolas que conseguiram sobreviver à crise financeira ainda não estão aptas a oferecer uma rede de apoio aos alunos e à comunidade escolar. Deparamos com uma abissal "onda traumática" que se alastra silenciosa e perigosamente pelos dutos sociais, produzindo paisagens marcantes, impregnadas pelo desgosto de um povo que se perde na desesperança.

6.4 A eficácia do testemunho: criando possibilidades

Uma flor nasceu na rua!
Passem de longe, bondes, ônibus, rio de aço do tráfego.
Uma flor ainda desbotada
ilude a polícia, rompe o asfalto.
Façam completo silêncio, paralisem os negócios,
garanto que uma flor nasceu.
Sua cor não se percebe.
Suas pétalas não se abrem.
Seu nome não está nos livros.
É feia. Mas é realmente uma flor.

Andrade, 2000, pp. 16-17

Quando se trabalha com a aplicação massiva do ensino remoto, o primeiro desafio encontrado diz respeito à *estrutura necessária* para a realização dessa modalidade, que demanda um ambiente minimamente *organizado* e propício para o estudo, além de equipamentos eletrônicos adequados e o acesso a um serviço de internet de qualidade. Diante da atual realidade brasileira, tais exigências denunciam, e até mesmo intensificam, a triste desigualdade social que assola o país e invade os espaços da escola – instituição cujo princípio, embora nunca verdadeiramente realizado, sempre foi o de superar essas disparidades.

Para muitas famílias, a precariedade de recursos impossibilita a realização das atividades escolares enquanto as aulas presenciais permanecem suspensas. Já nos casos em que as condições são favoráveis e as dificuldades não são encaradas como um problema, ainda nos resta uma última pergunta: *em que medida é possível replicar a experiência escolar no contexto de uma realidade virtual?*

Encarcerados na privacidade de seus espaços – quando essa realmente existe – os alunos não mais integram uma totalidade que antes era representada pelo ambiente da sala de aula, mas fecham-se em unidades que privam a comunicação entre os seus pares. Afinal, muitas das câmeras do Zoom (ou de outros aplicativos semelhantes) permanecem fechadas durante as aulas, gerando um isolamento ainda mais extremo. Um precipício que vai ganhando profundidade por intermédio da solidão – *dos dois lados*, obviamente.

Em contrapartida, é necessário que haja um espaço para o testemunho do trauma – que é sempre da ordem do indizível, como assinala Ferenczi (1933/2011c). Conforme destacado ao longo deste texto, a experiência traumática congela e fragmenta o psiquismo, produzindo uma dor intensamente angustiante. É por meio do relato que desenhamos as fronteiras que contornam o trauma.

A psicanálise precisa urgentemente estender a mão à educação para juntas seguirem um caminho que promova mais aproximações do que afastamentos – de distância, basta o isolamento que vivenciamos. Birman (2020) destaca que:

> *quando não pode contar com instâncias de proteção pública que sejam confiáveis, como ocorreu concretamente no contexto social brasileiro modelado pela dupla mensagem, o sujeito se inscreve no* registro psíquico do desalento. *Com efeito, sem saber com quem contar para lhe proteger, o sujeito se sente entregue ao acaso e ao indeterminado, assim como ao que é arbitrário na existência, em que tudo de pior pode lhe acontecer, afetando, então, os diferentes registros do real e do psiquismo. (p. 136, grifos meus)*

Durante o período de isolamento social, as professoras que atuam em nossa escola tiveram, junto à coordenação, a brilhante ideia de elaborar uma espécie de "diário da pandemia" com os alunos. Por se tratar de um público carente e com poucas ferramentas ao seu alcance, a estratégia encontrada pela equipe foi a de usar o aplicativo WhatsApp como um dispositivo em comum para que todos, sem exceção, pudessem participar. A tarefa era bem simples: ao longo de todos os dias da semana, as crianças menores tinham que enviar áudios curtos (de até dois minutos) no grupo da sala de aula, articulando os seus sentimentos e a situação de sua casa naquele exato momento da restrição social, enquanto os estudantes do segundo ano em diante precisavam relatar as mesmas coisas, porém por meio da escrita de pequenas notas ou textos. É importante destacar que essa atividade não comportava qualquer intenção de obrigatoriedade, tampouco foi implantada à guisa de avaliação, ou seja, os alunos que queriam falar, simplesmente falavam, contando com aquele espaço que garantia a certeza de que seriam escutados. Concomitantemente, os professores também se apoiavam no compromisso firmado pela direção, que ampliou significativamente os canais de comunicação e a frequência dos encontros pedagógicos (de modo on-line). A sensação que tivemos era como se todos aqueles acontecimentos trágicos, indigestos ao nosso aparelho psíquico, pudessem ir recebendo, os poucos, um sentido por meio da narrativa, validada pela presença de um testemunho real (e efetivo).

A partir deste relato, cabe assinalar o óbvio, isto é, a importância da criação de políticas públicas capazes de amparar a escola, tanto no que tange às suas dificuldades financeiras – com apoios e programas de recuperação empresarial – como no que tange ao serviço de orientação com as instituições de ensino do setor público, garantindo também recursos materiais que possam diminuir a ruptura causada pela desigualdade social, predominante nas periferias de nossa sociedade – considerando que a "ausência dessa instância de proteção pode conduzir o indivíduo inequivocamente à condição subjetiva do desalento" (Birman, 2020, p. 152). Confesso ao leitor, porém, que até o presente momento não obtivemos nenhuma resposta por parte dos nossos estimados órgãos estatais. Parece que, mais uma vez (como estamos cansados de notar em nossa história), cabe ao povo brasileiro testar sua capacidade de "resiliência".

Entretanto, longe de pregar uma utopia, defendo a premissa de que dividir essas experiências profissionais – por mais singelas que possam parecer – com os leitores deste material representa um tipo de procedimento que tende a promover identificações, despertando ideias e transformações práticas. Até porque "a memória do trauma é sempre uma busca de *compromisso* entre o trabalho de memória individual e outro construído pela sociedade" (Seligmann-Silva, 2008, p. 67).

O relato, por si só, serve para nos mostrar que não estamos sozinhos nesse nebuloso deserto de "desmentidos". Penso que a trama de cuidados que se estabeleceu em nossa escola durante o ápice da pandemia se deve ao nível de *confiança* que fora instituído entre professores, direção, famílias e alunos. Sem isso, o trabalho de reviver (simbolicamente) o evento traumático e poder, com sorte, ressignificá-lo seria praticamente impossível.

> *A confiança viabiliza a experiência inaugural de um pensamento que ainda não teve acolhimento pelo desmentido da sua formulação. Se na ocasião do evento traumático a questão formulada pela criança foi duplamente distorcida e desmentida – distorcida pela identificação com o agressor e desmentida pela falta de apoio da figura materna que deveria dar à sua questão um acolhimento –, na prova de confiança o pensamento que faltou na ocasião encontra novamente um lugar para o seu desdobramento.* Sendo assim, pensar a experiência do trauma é criar a via de uma elaboração para o acontecimento traumático dando a ele um sentido e uma direção no processo analítico. *(Maciel Junior & Ledo, 2018, p. 215, grifos meus)*

Ao escrever essas passagens relacionadas à pandemia, fui tomado pela lembrança de um texto de Kupermann (2011) que, embora destinado à prática clínica, pode muito bem ser pensado no campo da educação. O autor nos dirá que a habilidade de rir com o outro, e não, evidentemente, do outro, é um bom índice do desapego dos emblemas fálicos ou, em outras palavras, "semblantes de autoridade" que se impõem como obstáculo à experiência humana. O analista e, no nosso caso, o professor que sabe brincar com o seu não saber permite-se *devir criança*, compartilhando com o aluno o "destino da criação", o que sugere, efetivamente, que "a impressão que se tem é de duas crianças *igualmente desamparadas que trocam suas experiências* que, em consequência de um mesmo destino, *se compreendem e buscam instintivamente tranquilizar-se*" (Ferenczi, 1932/1990, p. 91).

Era exatamente esta cena que eu observava naquele tempo de incertezas: escola e comunidade que, igualmente desamparadas, buscavam instintivamente meios para se tranquilizar, mediante o estreitamento dos vínculos.

Apesar disso, a psicanálise ferencziana nos ensina também que o trauma possui traços marcantes de silêncio. Um ruído calado e indizível que rasga as membranas da alma e por isso carece ser ouvido. Silêncios que aguardam ansiosamente a oportunidade de ser enunciados. "A língua da ternura forja o ato de pensar sobre o domínio do impensado e força o movimento que deflagra a *construção da narrativa*" (Maciel Junior & Ledo, 2018, p. 231, grifos meus).

Em vez da imagem calcada e achatada (morta) advinda do choque traumático, o evento simbolizado adquire outras proporções, bem mais maleáveis, enviesadas por uma espécie de dimensionalidade (viva). "A linearidade da narrativa, suas repetições, a construção de metáforas, *tudo trabalha no sentido de dar esta nova dimensão aos fatos antes enterrados*" (Seligmann-Silva, p. 69). No trabalho com o trauma nunca podemos contar com uma resolução absoluta; as cicatrizes permanecem, ainda que as lesões possam se fechar – quando há recursos para tanto. Essa prática "nos ensina a sermos menos ambiciosos ou idealistas em nossos objetivos terapêuticos. Para o sobrevivente sempre restará este estranhamento do mundo advindo do fato de ele ter morado como que 'do outro lado' do campo simbólico" (Seligmann-Silva, p. 69).

Nesse âmbito, temos de lembrar dos efeitos ilimitados da imaginação. Quando um grupo de professoras se reúne com a direção da escola, construindo algumas possibilidades de ação a partir dos instrumentos disponíveis ao seu alcance – como a elaboração de um diário pandêmico via WhatsApp, por exemplo –, isso revela a potência da capacidade imaginativa. "A imaginação é chamada como arma que deve vir em auxílio do simbólico para enfrentar o buraco negro do real do trauma. *O trauma encontra na imaginação um meio para a sua narração*" (Seligmann-Silva, p. 70, grifos meus). Eis aqui os frutos de uma educação implicada com a *humanidade, sem perder o rigor do referencial metodológico que a edifica.*

Finalizo este texto recorrendo aos efeitos estéticos e transformadores que uma canção engendra sobre nós – um dos diversos mecanismos artísticos capazes de narrar as experiências incompreensíveis da vida:

Quando o mar tem mais segredo
Não é quando ele se agita
Nem é quando é tempestade
Nem é quando é ventania
Quando o mar tem mais segredo
É quando é calmaria
(Sueli Costa e Cacaso, "Amor, amor", 1977)

Referências

Andrade, C. D. (2000). *A roda do povo.* Record.

Birman, J. (2020). *O trauma da pandemia do coronavírus: suas dimensões políticas, sociais, econômicas, ecológicas, culturais, éticas e científicas.* José Olympio.

Borges, D. (2020, 11 mai.). Ensino a distância na quarentena esbarra na realidade de alunos e professores da rede pública. *BBC News Brasil.* https://www.bbc.com/portuguese/brasil-52568678

Cunha, E. L. (2021). *O político e o íntimo: subjetividade e política, do impeachment à pandemia.* Editora Devires.

Dupont, J. (1998). Les notes brèves de Sándor Ferenczi. *Le Coq-Héron, 149*(1), 69-83.

Ferenczi, S. (1990). *Diário clínico.* Martins Fontes. (Trabalho originalmente publicado em 1932)

Ferenczi, S. (2011a). A criança mal acolhida e sua pulsão de morte. In S. Ferenczi, *Obras completas* (vol. 4). Martins Fontes. (Trabalho originalmente publicado em 1929)

Ferenczi, S. (2011b). Análises de crianças com adultos. In S. Ferenczi, *Obras completas* (vol. 4). Martins Fontes. (Trabalho originalmente publicado em 1931)

Ferenczi, S. (2011c). Confusão de línguas entre os adultos e a criança. In S. Ferenczi, *Obras completas* (vol. 4). Martins Fontes. (Trabalho originalmente publicado em 1933)

Ferenczi, S. (2011d). O sonho do bebê sábio. In S. Ferenczi, *Obras completas* (vol. 3). Martins Fontes. (Trabalho originalmente publicado em 1923)

Figueiredo, L. C. (2002). A tradição ferencziana de Donald Winnicott: apontamentos sobre regressão e regressão terapêutica. *Revista Brasileira de Psicanálise, 36*(4), 909-927.

Freud, S. (2010). Além do princípio do prazer. In S. Freud, *Obras completas* (vol. 14). Companhia das Letras. (Trabalho originalmente publicado em 1920)

Freud, S. (2011). O eu e o id. In S. Freud, *Obras completas* (vol. 16). Companhia das Letras. (Trabalho originalmente publicado em 1923)

Freud, S. (2020). Considerações contemporâneas sobre a guerra e a morte. In S. Freud, *O mal-estar na cultura. Obras incompletas de Sigmund Freud* (Cultura, sociedade e religião). Autêntica. (Trabalho originalmente publicado em 1915)

Gondar, J. (2017). O desmentido e a zona cinzenta. In E. S. Reis & J. Gondar, *Com Ferenczi: clínica, subjetivação, política.* 7 Letras.

Herzog, R. & Pacheco-Ferreira, F. (2015). Trauma e pulsão de morte em Ferenczi. *Ágora: Estudos em Teoria Psicanalítica, 18*(2), 181-194. https://doi.org/10.1590/S1516-14982015000200002.

Homem, M. (2020). *Lupa da alma: quarentena revelação.* São Paulo: Todavia. (E-book)

Kahtuni, H. C. & Sanches, G. P. (2009). *Dicionário do pensamento de Sándor Ferenczi: uma contribuição à clínica psicanalítica contemporânea.* Campus/Elsevier/Fapesp.

Kaur, R. (2017). *Outros jeitos de usar a boca.* Planeta.

Kaur, R. (2018). *O que o sol faz com as flores.* Planeta. (E-book)

Kupermann, D. (2011). A criança, o infantil e o que o psicanalista (não) sabe. *Estilos da Clínica, 16*(2), 324-337. http://pepsic.bvsalud.org/pdf/estic/v16n2/v16n2a03.pdf.

Kupermann, D. (2019a). A virada de 1928: Sándor Ferenczi e o pensamento das relações de objeto na psicanálise. *Cadernos de psicanálise (Rio de Janeiro), 41*(40), 49-63. Disponível em: http://pepsic.bvsalud.org/pdf/cadpsi/v41n40/v41n40a04.pdf (Acesso em junho de 2022).

Kupermann, D. (2019b). *Por que Ferenczi?* Zagodoni.

Larocca, P. (1999). *Psicologia na formação docente*. Alínea.

Maciel Junior, A. & Ledo, E. (2018). Pensar a experiência traumática: a construção da verdade pela via da confiança. In A. Maciel Junior (Org.), *Trauma e ternura: a ética em Sándor Ferenczi*. 7 Letras.

Marques, J. (2020, 22 jul.). Colégios infantis de São Paulo fecham as portas. *UOL*. https://economia.uol.com.br/noticias/estadao-conteudo/2020/07/22/colegios-infantis-de-sao-paulo-fecham-as-portas.htm?cmpid=copiaecola.

Pinheiro, T. (1993). Trauma e melancolia. *Revista Percurso, 10*, 50-55.

Seligmann-Silva, M. (2008). Narrar o trauma: a questão dos testemunhos de catástrofes históricas. *Psicologia Clínica, 20*(1), 65-82. https://doi.org/10.1590/S0103-56652008000100005.

Unicef. Nos últimos 5 anos, 35 mil crianças e adolescentes foram mortos de forma violenta no Brasil, alertam Unicef e Fórum Brasileiro de Segurança Pública. *Unicef*, 22 out. 2021. https://www.unicef.org/brazil/comunicados-de-imprensa/nos-ultimos-cinco-anos-35-mil-criancas-e-adolescentes-foram-mortos-de-forma-violenta-no-brasil.

GRÁFICA PAYM
Tel. [11] 4392-3344
paym@graficapaym.com.br